海上絲綢之路基本文獻叢書

真臘風土記
西洋朝貢典録

〔元〕周達觀　撰／〔明〕黄省曾　撰

文物出版社

圖書在版編目（CIP）數據

真臘風土記 /（元）周達觀撰．西洋朝貢典録 /
（明）黄省曾撰．-- 北京 : 文物出版社，2022.7
（海上絲綢之路基本文獻叢書）
ISBN 978-7-5010-7568-3

Ⅰ．①真… ②西… Ⅱ．①周… ②黄… Ⅲ．①真臘－史料－13世紀②中外關係－史料－古代 Ⅳ．①K335.3
②D829

中國版本圖書館CIP數據核字（2022）第100160號

海上絲綢之路基本文獻叢書
真臘風土記・西洋朝貢典録

撰　　者：〔元〕周達觀　〔明〕黄省曾
策　　劃：盛世博閲（北京）文化有限責任公司

封面設計：鞏榮彪
責任編輯：劉永海
責任印製：張道奇

出版發行：文物出版社
社　　址：北京市東城區東直門内北小街2號樓
郵　　編：100007
網　　址：http://www.wenwu.com
經　　銷：新華書店
印　　刷：北京旺都印務有限公司
開　　本：787mm×1092mm　1/16
印　　張：11.625
版　　次：2022年7月第1版
印　　次：2022年7月第1次印刷
書　　號：ISBN 978-7-5010-7568-3
定　　價：90.00圓

總緒

海上絲綢之路，一般意義上是指從秦漢至鴉片戰争前中國與世界進行政治、經濟、文化交流的海上通道，主要分爲經由黄海、東海的海路最終抵達日本列島及朝鮮半島的東海航綫和以徐聞、合浦、廣州、泉州爲起點通往東南亞及印度洋地區的南海航綫。

在中國古代文獻中，最早、最詳細記載『海上絲綢之路』航綫的是東漢班固的《漢書·地理志》，詳細記載了西漢黄門譯長率領應募者入海『齎黄金雜繒而往』之事，書中所出現的地理記載與東南亞地區相關，并與實際的地理狀况基本相符。

東漢後，中國進入魏晋南北朝長達三百多年的分裂割據時期，絲路上的交往也走向低谷。這一時期的絲路交往，以法顯的西行最爲著名。法顯作爲從陸路西行到印度，再由海路回國的第一人，根據親身經歷所寫的《佛國記》（又稱《法顯傳》）一書，詳細介紹了古代中亞和印度、巴基斯坦、斯里蘭卡等地的歷史及風土人情，是瞭解和研究海陸絲綢之路的珍貴歷史資料。

隨着隋唐的統一，中國經濟重心的南移，中國與西方交通以海路爲主，海上絲綢之路進入大發展時期。廣州成爲唐朝最大的海外貿易中心，朝廷設立市舶司，專門管理海外貿易。唐代著名的地理學家賈耽（七三〇～八〇五年）的《皇華四達記》記載了從廣州通往阿拉伯地區的海上交通『廣州通夷道』，詳述了從廣州港出發，經越南、馬來半島、蘇門答臘半島至印度、錫蘭，直至波斯灣沿岸各國的航綫及沿途地區的方位、名稱、島礁、山川、民俗等。譯經大師義净西行求法，將沿途見聞寫成著作《大唐西域求法高僧傳》，詳細記載了海上絲綢之路的發展變化，是我們瞭解絲綢之路不可多得的第一手資料。

宋代的造船技術和航海技術顯著提高，指南針廣泛應用於航海，中國商船的遠航能力大大提升。北宋徐兢的《宣和奉使高麗圖經》詳細記述了船舶製造、海洋地理和往來航綫，是研究宋代海外交通史、中朝友好關係史、中朝經濟文化交流史的重要文獻。南宋趙汝適《諸蕃志》記載，南海有五十三個國家和地區與南宋通商貿易，形成了通往日本、高麗、東南亞、印度、波斯、阿拉伯等地的『海上絲綢之路』。宋代爲了加强商貿往來，於北宋神宗元豐三年（一〇八〇年）頒佈了中國歷史上第一部海洋貿易管理條例《廣州市舶條法》，并稱爲宋代貿易管理的制度範本。

元朝在經濟上採用重商主義政策，鼓勵海外貿易，中國與歐洲的聯繫與交往非常頻繁，其中馬可•波羅、伊本•白圖泰等歐洲旅行家來到中國，留下了大量的旅行記，記録元代海上絲綢之路的盛况。元代的汪大淵兩次出海，撰寫出《島夷志略》一書，記録了二百多個國名和地名，其中不少首次見於中國著録，涉及的地理範圍東至菲律賓群島，西至非洲。這些都反映了元朝時中西經濟文化交流的豐富内容。

明、清政府先後多次實施海禁政策，海上絲綢之路的貿易逐漸衰落。但是從明永樂三年至明宣德八年的二十八年裏，鄭和率船隊七下西洋，先後到達的國家多達三十多個，在進行經貿交流的同時，也極大地促進了中外文化的交流，這些都詳見於《西洋蕃國志》《星槎勝覽》《瀛涯勝覽》等典籍中。

關於海上絲綢之路的文獻記述，除上述官員、學者、求法或傳教高僧以及旅行者的著作外，自《漢書》之後，歷代正史大都列有《地理志》《四夷傳》《西域傳》《外國傳》《蠻夷傳》《屬國傳》等篇章，加上唐宋以來衆多的典制類文獻、地方史志文獻，集中反映了歷代王朝對於周邊部族、政權以及西方世界的認識，都是關於海上絲綢之路的原始史料性文獻。

海上絲綢之路概念的形成，經歷了一個演變的過程。十九世紀七十年代德國地理學家費迪南・馮・李希霍芬（Ferdinad Von Richthofen，一八三三～一九〇五），在其《中國：親身旅行和研究成果》第三卷中首次把輸出中國絲綢的東西陸路稱爲『絲綢之路』。有『歐洲漢學泰斗』之稱的法國漢學家沙畹（Édouard Chavannes，一八六五～一九一八），在其一九〇三年著作的《西突厥史料》中提出『絲路有海陸兩道』，蘊涵了海上絲綢之路最初提法。迄今發現最早正式提出『海上絲綢之路』一詞的是日本考古學家三杉隆敏，他在一九六七年出版《中國瓷器之旅：探索海上的絲綢之路》中首次使用『海上絲綢之路』一詞；一九七九年三杉隆敏又出版了《海上絲綢之路》一書，其立意和出發點局限在東西方之間的陶瓷貿易與交流史。

二十世紀八十年代以來，在海外交通史研究中，『海上絲綢之路』一詞逐漸成爲中外學術界廣泛接受的概念。根據姚楠等人研究，饒宗頤先生是華人中最早提出『海上絲綢之路』的人，他的《海道之絲路與昆侖舶》正式提出『海上絲路』的稱謂。選堂先生評價海上絲綢之路是外交、貿易和文化交流作用的通道。此後，大陸學者馮蔚然在一九七八年編寫的《航運史話》中，使用『海上絲綢之路』一詞，這是迄今學界查到的中國大陸最早使用『海上絲綢之路』的人，更多地限於航海活動領域的考察。一九八〇年北京大學陳炎教授提出『海上絲綢之路』研究，并於一九八一年發表《略論海上絲綢之路》一文。他對海上絲綢之路的理解超越以往，且帶有濃厚的愛國主義思想。陳炎教授之後，從事研究海上絲綢之路的學者越來越多，尤其沿海港口城市向聯合國申請海上絲綢之路非物質文化遺產活動，將海上絲綢之路研究推向新高潮。另外，國家把建設『絲綢之路經濟帶』和『二十一世紀海上絲綢之路』作爲對外發展方針，將這一學術課題提升爲國家願景的高度，使海上絲綢之路形成超越學術進入政經層面的熱潮。

與海上絲綢之路學的萬千氣象相對應，海上絲綢之路文獻的整理工作仍顯滯後，遠遠跟不上突飛猛進的研究進展。二〇一八年厦門大學、中山大學等單位聯合發起『海上絲綢之路文獻集成』專案，尚在醖釀當中。我們不揣淺陋，深入調查，廣泛搜集，將有關海上絲綢之路的原始史料文獻和研究文獻，分爲風俗物産、雜史筆記、海防海事、典章檔案等六個類別，彙編成《海上絲綢之路歷史文化叢書》，於二〇二〇年影印出版。此輯面市以來，深受各大圖書館及相關研究者好評。爲讓更多的讀者親近古籍文獻，我們遴選出前編中的菁華，彙編成《海上絲綢之路基本文獻叢書》，以單行本影印出版，以饗讀者，以期爲讀者展現出一幅幅中外經濟文化交流的精美畫卷，爲海上絲綢之路的研究提供歷史借鑒，爲『二十一世紀海上絲綢之路』倡議構想的實踐做好歷史的詮釋和注脚，從而達到『以史爲鑒』『古爲今用』的目的。

凡例

一、本編注重史料的珍稀性，從《海上絲綢之路歷史文化叢書》中遴選出菁華，擬出版百冊單行本。

二、本編所選之文獻，其編纂的年代下限至一九四九年。

三、本編排序無嚴格定式，所選之文獻篇幅以二百餘頁爲宜，以便讀者閱讀使用。

四、本編所選文獻，每種前皆注明版本、著者。

五、本編文獻皆爲影印，原始文本掃描之後經過修復處理，仍存原式，少數文獻由於原始底本欠佳，略有模糊之處，不影響閲讀使用。

六、本編原始底本非一時一地之出版物，原書裝幀、開本多有不同，本書彙編之後，統一爲十六開右翻本。

目録

真臘風土記

真臘風土記

一卷

〔元〕周達觀 撰

民國二十六年商務印書館《影印元明善本叢書》本

真臘風土記目録

山川　出産
貿易　欲得唐貨
草木　飛鳥
走獸　蔬菜
魚龍　醞釀
鹽醋醬麪　蠶桑
器用　車轎
舟楫　屬郡
村落　取膽
异事　澡浴

眞臘風土記目錄 終

眞臘風土記

元永嘉周達觀 撰
明新安吳 琯 校

總敘

眞臘國或稱占臘其國自稱曰甘孛智今聖朝按西番經名其國曰澉浦只蓋亦甘孛智之近音也自溫州開洋行丁未針歷閩廣海外諸州港口過七洲洋經交趾洋到占城又自占城順風可半月到眞蒲乃其境也又自眞蒲行坤申針過崑崙洋入港港凡數十惟第四港可入其餘悉以沙淺故不通巨舟然而

彌望皆修藤古木黃沙白葦倉卒未易辨認故舟人以尋港爲難事自港口北行順水可半月抵其地曰查南乃其屬郡也又自查南換小舟順水可十餘日過半路村佛村渡淡洋可抵其地曰干傍取城五十里按諸番志稱其地廣七千里其國北抵占城半月路西南距暹羅半月程南距番禺十日程其東則大海也舊爲通商來往之國聖朝誕膺天命奄有四海唆都元帥之置省占城也嘗遣一虎符百戶一金牌千戶同到本國竟爲拘執不返元貞之乙未六月聖天子遣使招諭俾余從行以次年丙申二月離明州

二十日自溫州港口開洋三月十五日抵占城中途逆風不利秋七月始至遂得臣服至大德丁酉六月回舟八月十二日抵四明艤岸其風土國事之詳雖不能盡知然其大略亦可見矣

城郭

州城周圍可二十里有五門門各兩重惟東向開二門餘向皆一門城之外巨濠濠之外皆通衢大橋橋之兩傍各有石神五十四枚如石將軍之狀甚巨而獰五門皆相似橋之闌皆石爲之鑿爲蛇形蛇皆九頭五十四神皆以手拔蛇有不容其走逸之勢城門

之上有大石佛頭五面向西方中置其一飾之以金
門之兩旁鑿石爲象形城皆疊石爲之可二丈石甚
周密堅固且不生繁草却無女墻城之上間或種桄
榔木比比皆空屋其內向如坡子厚可十餘丈坡上
皆有大門夜閉早開亦有監門者惟狗不許入門其
城甚方整四方各有石塔一座曾受斬趾刑人亦不
許入門當國之中有金塔一座傍有石塔二十餘座
石屋百餘間東向金橋一所金獅子二枚列於橋之
左右金佛八身列于石屋之下金塔至北可一里許
有銅塔一座比金塔更高望之鬱然其下亦有石屋

十數間又其北一里許則國王之廬也其寢室又有金塔一座焉所以舶商自來有富貴眞臘之褒者想爲此也石塔出南門外半里餘俗傳魯般一夜造成魯般墓在南門外一里許周圍可十里石屋數百間東池在城東十里周圍可百里中有石塔石屋塔之中有臥銅佛一身臍中常有水流出北池在城北五里中有金方塔一座石屋數十間金獅子金佛銅象銅牛銅馬之屬皆有之

宮室

國宮及官舍府第皆面東國宮在金塔金橋之北近

門周圍可五六里其正室之瓦以鉛為之餘皆土瓦
黃色橋柱甚巨皆雕畫佛形屋頭壯觀修廊複道突
兀參差稍有規模其蒞事處有金窗櫺左右方柱上
有鏡約有四五十面列放於窗之旁其下為象形聞
內中多有奇處防禁甚嚴不可得而見也其內中金
塔國主夜則臥其上土人皆謂塔之中有九頭蛇精
乃一國之土地主也係女身每夜則見國主則先與
之同寢交媾雖其妻亦不敢入二鼓乃出方可與妻
妾同睡若此精一夜不見則番王死期至矣若番王
一夜不往則必獲災禍其次如國戚大臣等屋制度

廣袤與常人家迥別周圍皆用草蓋獨家廟及正寢二處許用瓦亦各隨其官之等級以爲屋室廣狹之制其下如百姓之家止草蓋瓦片不敢上屋其廣狹雖隨家之貧富然終不敢傚府第制度也

服飾

自國主以下男女皆椎髻袒裼止以布圍腰出入則加以大布一條纏於小布之上布甚有等級國主所打之布有直金三四兩者極其華麗精美其國中雖自織布暹羅及占城皆有來者往往以來自西洋者爲上以其精巧而細樣故人惟國主可打純花布頭

戴金冠子如金剛頭上所戴者或有時不戴冠但以線穿香花如茉莉之類周匝于髻間項上戴大珍珠三斤許手足及諸指上皆帶金鐲指展上皆嵌猫兒眼睛石其下跣足足下及手掌皆以紅藥染赤色出則手持金劍百姓間惟婦女可染手足掌男子不敢也大臣國戚可打疎花布惟官人可打兩頭花布百姓間惟婦人可打之新唐人雖打兩頭花布人亦不敢罪之以其暗丁八殺故也暗丁八殺不識體例也

官屬

國中亦有丞相將帥司天等官其下各設司吏之屬

但名稱不同耳大抵皆國戚爲之否則亦納女爲嬪其出入儀從亦有等級用金轎扛四金傘柄者爲上金轎扛二金傘柄者次之金轎扛一金傘柄者又次之止用一金傘柄者又其次之也其下者止用一銀傘柄者而已亦有用銀轎扛者金傘柄以上官皆呼爲巴丁或呼暗丁銀傘柄者呼爲廝辣的傘皆用中國紅絹爲之其裙直拖地油傘皆以綠絹爲之裙却短

三教

爲儒者呼爲班詰爲僧者呼爲苧姑爲道者呼爲八

思惟班詰不知其所祖亦無所謂學舍講習之處亦難究其所讀何書但見其如常人打布之外於項上掛白線一條以此別其爲儒耳由班詰入仕者則爲高上之人項上之線終身不去苧姑削髮穿黃偏袒右肩其下則繫黃布裙跣足寺亦許用瓦蓋中止有一像正如釋迦佛之狀呼爲孛賴穿紅塑以泥飾以丹青外此別無像也塔中之佛相貌又別皆以銅鑄成無鐘鼓鐃鈸與幢幡寶蓋之類僧皆茹魚肉惟不飲酒供佛亦用魚肉每日一齋皆取辦于齋主之家寺中不設廚竈所誦之經甚多皆以貝葉疊成極其

齊整於上寫黑字既不用筆墨但不知其以何物書寫僧亦用金銀轎扛傘柄者國王有大政亦咨訪之却無尼姑八思惟正如常人打布之外但於頭上戴一紅布或白布如韃靼娘子罟姑之狀而略低亦有宮觀但比之寺院較狹而道教者亦不如僧教之盛耳所供無別像但止一塊石如中國社壇中之石耳亦不知其何所祖也却有女道士宮觀亦得用瓦八思惟不食他人之食亦不令人見食亦不飲酒不曾見其誦經及與人功果之事俗之小兒入學者皆先就僧家教習暨長而還俗其詳莫能考也

人物

人但知蠻俗人物麤醜而甚黑殊不知居于海島村僻尋常閭巷間者則信然矣至如宮人及南棚（南棚乃府第也）婦女多有其白如玉者蓋以不見天日之光故也大抵一布經腰之外不以男女皆露出胷酥椎髻跣足雖國主之妻亦只如此國主凡有五妻正室一人四方四人其下嬪婢之屬聞有三五千亦自分等級未嘗輕出戶余每一入內見番主必與正妻同出乃坐正室金窻中諸宮人皆次第列於兩廊窻下徙倚窺覘余備獲一見凡人家有女美貌者必召入內其

下供內中出入之後者呼爲陳家蘭亦不下一二千却皆有丈夫與民間雜處只於顖門之前削去其髮如北人開水道之狀塗以銀硃及塗於兩鬢之傍以此爲陳家蘭別耳惟此婦可以入內其下餘人不可得而入也內宮之前後有絡繹于道途間尋常婦女椎髻之外別無釵梳頭面之飾但臂中帶金鐲指中帶金指展且陳家蘭及內中諸宮人皆用之男女身上常塗香藥以檀麝等香合成家家皆修佛事國中多有二形人每日以十數成羣行於墟場間常有招徠唐人之意反有厚饋可醜可惡

產婦

番婦產後即作熱飯抹之以鹽納于陰戶凡一晝夜而除之以此產中無病且收斂常如室女余初聞而詫之深疑其不然既而所泊之家有女育子備知其事且次日即抱嬰兒同往河內澡洗尤所怪見又每見人言番婦多淫產後一兩日即與夫合若丈夫不中所欲即有買臣見棄之事若丈夫適有遠役只可數夜過十數夜其婦必曰我非是鬼如何孤眠淫蕩之心尤切然亦聞有守志者婦女最易老蓋其婚嫁產育既早二三十歲人已如中國四五十人矣

室女

人家養女其父母必祝之曰願汝有人要將來嫁千百箇丈夫富室之女自七歲至九歲至貧之家則止於十一歲必命僧道去其童身名曰陣毯蓋官司每歲於中國四月内擇一日頒行本國應有養女當陣毯之家先行申報官司官司先給巨燭一條燭閒刻畫一處約是夜遇昏點燭至刻畫處則為陣毯時候矣先期一月或半月或十日父母必擇一僧或一道隨其何處寺觀往往亦自有主顧向上好僧皆為官戶富室所先貧者亦不暇擇也官富之家饋以酒米

布帛檳榔銀器之類至有一百擔者直中國白金二三百兩之物少者或三四十擔或一二十擔隨家豐儉所以貧人家至于十一歲而始行事者爲難辦此物耳亦有捨錢與貧女陣毯者謂之做好事蓋一歲中一僧止可御一女僧既允受更不他許是夜大設飲食鼓樂會親隣門外縛一高棚裝塑泥人泥獸之屬于其上或十餘或止三四枚貧家則無之各按故事凡七日而始撤既昏以轎傘鼓樂迎此僧而歸以綵帛結二亭子一則坐女于其中一則僧坐其中不曉其口說何語鼓樂之聲喧闐是夜不禁犯夜間至

期與女俱入房親以手去其童納之酒中或謂父母
親隣各點于額上或謂俱嘗以口或謂僧與女交媾
之事或謂無此但不容唐人見之所以莫知其的至
天將明時則又以轎傘鼓樂送僧去後當以布帛之
類與僧贖身否則此女終爲此僧所有不可得而他
適也余所見者大德丁酉之四月初六夜也前此父
母必與女同寢此後則斥於房外任其所之無復拘
束隄防之矣至若嫁娶則雖有納幣之禮不過苟簡
從事多有先姦而後娶者其風俗既不以爲耻亦不
以爲怪也陣毯之夜一巷中或至十餘家城中迎僧

道者交錯於途路間鼓樂之聲無處無之

奴婢

人家奴婢皆買野人以充其役多者亘百餘少者亦有一二十枚除至貧之家則無之蓋野人者山野中之人也自有種類俗呼爲撞賊到城中亦不敢出入人之家城間人相駡者一呼之爲撞則恨入骨髓其見輕於人如此少壯者一枚可直百布老弱者止三四十布可得秪許于樓下坐臥若執役方許登樓亦必跪膝合掌頂禮而後敢進呼主人爲巴駞主母爲米巴駞者父也米者母也若有過撻之則俯首受杖略

不敢動其牝牡者自相配偶主人終無與之交接之理或唐人到彼久曠者不擇一與之接主人聞之次日不肯與同坐以其曾與野人接故也或與外人交至於有娠養子主人亦不詰問其所從來蓋以其所不齒且利其得子仍可爲異日奴婢也或有逃者擒而復得必於面刺以青或於項上帶鐵以錮之亦有帶于臂腿間者

語言

國中語言自成音聲雖近而占城暹人皆不通話說如以一爲梅二爲別三爲卑四爲般五爲孛監六爲

孛監梅七爲孛監別八爲孛監甲九爲孛監般十爲
答呼父爲巴駞叔伯亦呼爲巴駞呼母爲米姑姨嬸
姆以至鄰人之尊年者亦呼爲米呼兄爲邦姊亦呼
爲邦呼弟爲補溫呼舅爲吃賴姑夫亦呼爲孛賴大
抵多以下字在上如言此人乃張三之弟則曰補溫
張三彼人乃李四之舅則曰吃賴李四又如呼中國
爲備世呼官人爲巴丁呼秀才爲班詰乃呼中國官
人不曰備世巴丁而曰巴丁備世呼中國之秀才不
曰備世班詰而曰班詰備世大抵皆如此此其大略
耳至若官府則有官府之議論秀才則有秀才之文

談僧道自有僧道之語說城市村落言語各自不同亦與中國無異也

野人

野人有二種有一等通往來言語之野人乃貢與城間爲奴之類是也有一等不屬教化不通言語之野人此輩皆無家可居但領其家屬巡行于山頭戴一瓦盆而走遇有野獸以弧矢標槍射之而得乃擊火於石共烹食而去其性甚狠其藥甚毒同黨中常自相殺戮近地亦有種荳蔻木綿花織布爲業者布甚麤而花紋甚別

文字

尋常文字及官府文書皆以麂鹿皮等物染黑隨其大小闊狹以意裁之用一等粉如中國白堊之類搓爲小條子其名爲梭拈於手中就皮畫以成字永不脫落用畢則插於耳之上字跡亦可辨認爲何人書寫須以濕物揩拭方去大率字樣正如回鶻字凡文書皆自後書向前却不自上書下也余聞之也先海牙云其字母音聲正與蒙古音相鄰但所不同者三兩字耳初無印信人家告狀亦有書鋪書寫

正朔時序

每用中國十月爲正月是月也名爲佳得當國宮之前縛一大棚上可容千餘人盡掛燈毬花朵之屬其對岸遠離二十丈地則以木接續縛成高棚如造塔撲竿之狀可高二十餘丈每夜設三四座或五六座裝煙火爆杖于其上此皆諸屬郡及諸府第認直遇夜則請國主出觀點放煙火爆杖煙火雖百里之外皆見之爆杖其大如砲聲震一城其官屬貴戚每人分以巨燭檳榔所費甚夥國主亦請奉使觀焉如是者半月而後止每一月必有一事如四月則抛毬九月則壓獵壓獵者聚一國之衆皆來城中教閱於國

宮之前五月則迎佛水聚一國遠近之佛皆送水與國主洗身陸地行舟國主登樓以觀七月則燒稻其時新稻已熟迎於南門外燒之以供佛婦女車象往觀者無數主却不出八月則挨藍挨藍者舞也點差伎樂每日就國宮內挨藍且鬭猪鬭象國主亦請奉使觀焉如是者一旬其餘月分不能詳記也國人亦有通天文者日月薄蝕皆能推算但是大小盡却與中國不同閏歲則彼亦必置閏但只閏九月殊不可曉一夜只分四更每七日一輪亦如中國所謂開閉建除之類番人既無名姓亦不記生日多有以所生

日頭爲名者有兩日最吉三日平平四日最凶何日可出東方何日可出西方雖婦女皆能算之十二生肖亦與中國同但所呼之名異耳如以馬爲卜賽呼雞之聲爲欒呼猪之聲爲直盧呼牛爲箇之類也

爭訟

民間爭訟雖小事亦必上聞國主初無笞杖之責但聞罰金而已其人大逆重事亦無絞斬之事止於城西門外掘地成坑納罪人於內實以土石堅築而罷其次有斬手足指者有去鼻者但姦與賭無禁姦婦之夫或知之則以兩柴絞姦夫之足痛不可忍竭其

資而與之方可獲免然裝局欺騙者亦有之或有死於門首者則自用繩拖置城外野地初無所謂體究檢驗之事人家獲盜亦可施監禁拷掠之刑却有一項可取且如人家失物疑此人爲盜不肯招認遂以鍋煎油極熱令此人伸手於中若果偷物則手腐爛否則皮肉如故云番人有法如此又兩家爭訟莫辨曲直國宮之對岸有小石塔十二座令一人各坐一塔中其外兩家自以親屬互相隄防或坐一二日或三四日其無理者必獲證候而出或身上生瘡癤或咳嗽熱證之類有理者略無纖事以此剖判曲直謂

之天獄蓋其土地之靈有如此也

病癩

國人尋常有病多是入水浸浴及頻頻洗頭便自痊可然多病癩者比比道途間土人雖與之同臥同食亦不校或謂彼中風土有此疾曾有國主患此疾故人不之嫌以愚意觀之往往好色之餘便入水澡洗故成此疾聞土人色慾纔畢皆入水澡洗其患痢者十死八九亦有貨藥於市者與中國不類不知其爲何物更有一等師巫之屬與人行持尤可笑

人死無棺止以䇪席之類蓋之以布其出喪也前亦用旗幟鼓樂之屬又以兩柈炒米繞路拋撒擡至城外僻遠無人之地棄擲而去俟有鷹犬畜類來食頃刻而盡則謂父母有福故獲此報若不食或食而不盡反謂父母有罪而至此今亦漸有焚者往往皆唐人之遺種也父母死別無服制男子則髡其髮女子則於顖門翦髮似錢大以此爲孝耳國主仍有塔葬埋但不知葬身與葬骨耳

耕種

大抵一歲中可三四番收種蓋四時常如五六月天

且不識霜雪故也其地半年有雨半年絕無自四月至九月每日下雨午後方下淡水洋中水痕高可七八丈巨樹盡沒僅留一杪耳人家濱水而居者皆移入山後十月至三月點雨絕無洋中僅可通小舟深處不過三五尺人家又復移下耕種者指至何時稻熟是時水可淹至何處隨其地而播種之耕不用牛耒耜鎌鋤之器雖稍相類而制自不同又有一等野田不種常生水高至一丈而稻亦與之俱高想別一種也但肥田及種蔬皆不用穢嫌其不潔也唐人到彼皆不與之言及中國糞壅之事恐為所鄙每二兩

家共掘地爲一坑蓋其草滿則塡之又別掘地爲之
凡登溷既畢必入池洗淨止用左手右手畱以拿飰
見唐人登厠用紙揩拭者笑之甚至不欲其登門婦
女亦有立而溺者可笑可笑

山川

自入眞蒲以來率多平林叢昧長江巨港綿亘數百
里古樹修藤森陰蒙翳禽獸之聲遝雜其間至半港
而始見有曠田絕無寸木彌望芃芃禾黍而已野牛
以千百成羣聚于此地又有竹坡亦綿亘數百里其
間竹節相間生刺筍味至苦四畔皆有高山

出產

山多異木無木處乃犀象屯聚養育之地珍禽奇獸不計其數細色有翠毛象牙犀角黃蠟麤色有降眞荳蔻畫黃紫梗大風子油翡翠其得也頗難蓋叢林中有池池中有魚翡翠自林中飛出求魚番人以樹葉蔽身而坐水濱籠一雌以誘之手持小網伺其來則罩有一日獲三五隻有終日全不得者象牙則山僻人家有之每一象死方有二牙舊傳謂每歲一換牙者非也其牙以標而殺之者上也自死而隨時爲人所取者次之死于山中多年者斯爲下矣黃蠟出

於村落朽樹間其一種細腰蜂如螻蟻者番人取而得之每一船可收二三千塊每塊大者三四十斤小者亦不下十八九斤犀角白而帶花者為上黑為下降眞生叢林中番人頗費砍斫之勞蓋此乃樹之心耳其外白木可厚八九寸小者亦不下四五寸荳蔻皆野人山上所種畫黃乃一等樹間之脂番人預先一年以刀斫樹滴瀝其脂至次年而始收紫梗生于一等樹枝間正如桑寄生之狀亦頗難得大風子油乃大樹之子狀如椰子而圓中有子數十枚胡椒間亦有之纏藤而生纍纍如綠草子其生而青者更辣

貿易

國人交易皆婦人能之所以唐人到彼必先納一婦人者兼亦利其能買賣故也每日一墟自卯至午即罷無居鋪但以蓬席之類鋪于地間各有處聞亦有納官司賃地錢小交關則用米穀及唐貨次則用布若乃大交關則用金銀矣往往土人最朴見唐人頗加敬畏呼之為佛見則伏地頂禮近亦有脫騙欺負唐人由去人之多故也

欲得唐貨

其地想不出金銀以唐人金銀為第一五色輕縑帛

次之其次如眞州之錫鑞溫州之漆盤泉州之青甆器及水銀銀硃紙劄硫黃焰硝檀香白芷麝香麻布黃草布雨傘鐵鍋銅盤水珠桐油篦箕木梳針其麤重則如明州之蓆甚欲得者則菽麥也然不可將去耳

草木

惟石榴甘蔗荷花蓮藕芉桃蕉芎與中國同茘枝橘子狀雖同而酸其餘皆中國所未曾見樹木亦甚各別草花更多且香而艷水中之花更有多品皆不知其名至若桃李杏梅松柏杉檜梨棗楊柳桂蘭菊蕊

之類皆所無也其中正月亦有荷花

飛鳥

禽有孔雀翡翠鸚鵡乃中國所無餘如鷹鴉鷺鷥雀兒鸕鷀鸛鶴野鴨黃雀等物皆有之所無者喜鵲鴻鴈黃鶯杜宇燕鴿之屬

走獸

獸有犀象野牛山馬乃中國所無者其餘如虎豹熊羆野猪麋鹿麞麂猨狐之類甚多所少者獅子猩猩駱駝耳鷄鴨牛馬猪羊所不在論也馬甚矮小牛甚多生敢騎死不敢食亦不敢剝其皮聽其腐爛而已

以其與人出力故也但以駕車耳在先無鵞近有舟人自中國攜去故得其種鼠有大如猫者又有一等鼠頭腦絕類新生小狗兒

蔬菜

蔬菜有葱芥韮茄瓜西瓜冬瓜王瓜莧菜所無者蘿蔔生菜苦蕒菠薐之類瓜茄正月間即有之茄樹有經數年不除者木綿花樹高可過屋有十餘年不換者不識名之菜甚多水中之菜亦多種

魚龍

魚鼈惟黑鯉魚最多其他如鯉鯽草魚最多有吐哺

魚大者重二斤已上有不識名之魚亦甚多此皆淡水洋中所來者至若海中之魚色色有之鱔魚湖鰻田雞土人不食入夜則縱橫道途間黿鼉大如合苧雖六藏之龜亦充食用查南之蝦重一斤已上真蒲龜脚可長八九寸許鰐魚大者如船有四脚絕類龍特無角耳肚甚脆美蛤蜆螄螺之屬淡水洋中可捧而得獨不見蟹想亦有之而人不食耳

醞釀

酒有四等第一唐人呼為蜜糖酒用藥麯以蜜及水中半為之其次者土人呼為朋牙四以樹葉為之朋

牙四者乃一等樹葉之名也又其次以米或以剩飯爲之名曰包稜角蓋包稜角者米也其下有糖鑑酒以糖爲之又入港濵水又有茭漿酒蓋有一等茭葉生于水濵其漿可以釀酒

鹽醋醬麯

醝物國中無禁自眞蒲巴澗濵海等處率皆燒山間更有一等石味勝于鹽可琢以成器土人不能爲醋羮中欲酸則著以咸平樹葉樹旣莢則用莢旣生子則用子亦不識合醬爲無麥與豆故也亦不曾造麯蓋以蜜水及樹葉釀酒所用者酒藥耳亦如鄉間白

酒藥之狀

蠶桑

土人皆不事蠶桑婦人亦不曉針線縫補之事僅能織木綿布而已亦不能紡但以手理成條無機杼以織但以一頭縛腰一頭搭上梭亦止用一竹管近年暹人來居却以蠶桑爲業桑種蠶種皆自暹中來亦無麻苧惟有絡麻暹人却以絲自織皁綾衣著暹婦却能縫補土人打布損破皆倩其補之

器用

尋常人家房舍之外別無桌凳盂桶之類但作飯則

用一瓦釜作羹又用一瓦銚地埋三石爲竈以椰子殼爲杓盛飯用中國瓦盤或銅盤羹則用樹葉造一小碗雖盛汁亦不漏又以茭葉製一小杓用兠汁入口用畢則棄之雖祭祀神佛亦然又以一錫器或瓦器盛水於傍用以蘸手蓋飯只用手拏其粘於手非此水不能去也飲酒則用鑞注子貧人則用瓦鉢子若府第富室則一一用銀至有用金者國之慶賀多用金爲器皿制度形狀又別地下所鋪者明州之草蓆或有鋪虎豹麂鹿等皮及藤簟者近新置矮卓高尺許睡只竹蓆臥於板近又用矮牀者往往皆唐人

制作也食品用布罩國王內中以銷金縑帛為之皆舶商所饋也稻不用礱止用杵舂碓耳

車轎

轎之制以一木屈其中兩頭竪起雕刻花樣以金銀裹之所謂金銀轎杠者此也每頭一尺之內釘鉤子以大布一條厚摺用繩繫于兩頭鉤中人挽於布以兩人擡之轎則又加一物如船篷而更闊飾以五色縑帛四人扛有隨轎而走若遠行亦有騎象騎馬者亦有用車者車之制却與他地一般馬無鞍象無凳可坐

舟楫

巨舟以硬樹破版版爲之匠者無鋸但以斧鑿之開成版既費木且費工也凡要木成段亦只以鑿鑿斷起屋亦然船亦用鐵釘上以茭葉蓋覆却以檳榔木破片壓之此船名爲新拏用櫂所粘之油魚油也所和之灰石灰也小舟却以一巨木鑿成槽以火熏軟用木撐開腹大兩頭尖無蓬可載數人止以櫂划之名爲皮闌

屬郡

屬郡九十餘曰眞蒲曰查南曰巴澗曰莫良曰八薛

曰蒲買曰雉棍曰木津波曰賴敢坑曰八厮里其餘不能悉記各置官屬皆以木排柵爲城

村落

每一村或有寺或有塔人家稍密亦自有鎭守之官名爲買節大路上自有歇息如郵亭之類其名爲森木近與暹人交兵遂皆成曠地

取膽

前此於八月內取膽蓋占城王每年索人膽一甕萬千餘枚遇夜則多方令人於城中及村落去處遇有夜行者以繩兜住其頭用小刀於右脇下取去其膽

俟數足以饋占城王獨不取唐人之膽蓋因一年取唐人一膽雜于其中遂致甕中之膽俱臭腐而不可用故也近年已除取膽之事另置取膽官屬居北門之裏

異事

東門之裏有蠻人淫其妹者皮肉相粘不開歷三日不食而俱死余鄉人薛氏居番三十五年矣渠謂兩見此事蓋其用聖佛之靈所以如此

澡浴

地苦炎熱每日非數次澡洗則不可過入夜亦不免

一二次初無浴室盂桶之類但每家須有一池否則兩三家合一池不分男女皆裸形入池惟父母尊年在池則子女卑幼不敢入或卑幼先在池則尊長亦迴避之如行輩則無拘也但以左手遮其牝門入水而已或三四日或五六日城中婦女三三五五咸至城外河中漾洗至河邊脫去所纏之布而入水會聚於河者動以千數雖府第婦女亦預焉略不以爲恥自踵至頂皆得而見之城外大河無日無之唐人暇日頗以此爲遊觀之樂聞亦有就水中偷期者水常溫如湯惟五更則微涼至日出則復溫矣

流寓

唐人之爲水手者利其國中不著衣裳且米糧易求婦女易得屋室易辦器用易足買賣易爲往往皆逃逸于彼

軍馬

軍馬亦是裸體跣足右手執標槍左手執戰牌別無所謂弓箭砲石甲冑之屬傳聞與暹人相攻皆驅百姓使戰往往亦別無智略謀畫

國主出入

聞在先國主轍迹未嘗離戶蓋亦防有不測之變也

新主乃故國主之壻原以典兵爲職其婦翁愛女女密竊金劍以往其夫以故親子不得承襲嘗謀起兵爲新主所覺斬其趾而安置于幽室新主身嵌聖鐵縱使刀箭之屬著體不能爲害因恃此遂敢出戶余宿留歲餘見其出者四五凡出時諸軍馬擁其前旗幟鼓樂踵其後宮女三五百花布花髻手執巨燭自成一隊雖白日亦照燭又有宮女皆執內中金銀器皿及文飾之具制度迥別不知其何所用又有宮女執標槍標牌爲內兵又成一隊又有羊車馬車皆以金爲飾其諸臣僚國戚皆騎象在前遠望紅涼傘不

計其數又其次則國主之妻及妾媵或轎或車或馬或象其銷金涼傘何止百餘其後則是國主立于象上手持寶劒象之牙亦以金套之打銷金白涼傘凡二十餘柄其傘柄皆金爲之其四圍擁簇之象甚多又有軍馬護之若遊近處止用金轎子皆以宮女擡之大凡出入必迎小金塔金佛在其前觀者皆當跪地頂禮名爲三罷不然則爲貌事者所擒不虛釋也

每日國主兩次坐衙治事亦無定文及諸臣與百姓之欲見國主者皆列坐地上以俟少頃聞內中隱隱有樂聲在外方吹螺以迎之聞止用金車子來處稍

遠須臾見二宮女纖手捲簾而國主乃仗劍立于金
窻之中矣臣僚以下皆合掌叩頭螺聲方絕乃許擡
頭國王特隨亦就坐坐處有獅子皮一領乃傳國之
寶言事既畢國王尋即轉身二宮女復垂其簾諸人
各起以此觀之則雖蠻貊之邦未嘗不知有君也

真臘風土記 終

西洋朝貢典録

西洋朝貢典録

〔明〕黄省曾 撰

清道光三十年南海伍氏刻《粵雅堂叢書》本

西洋朝貢典録

西洋朝貢典錄序

吳郡黄省曾撰

西洋之跡著自鄭和鄭和永樂初爲內侍是時太宗皇帝入纘丕緒將長馭遠駕通道於南蠻東夷乃大賚西洋貿採琛異命和爲使貳以侯顯妙擇譯人馬歡輩從之行總率巨艅百艘發自福州五虎門維艄掛席際天而行自是雷波嶽濤奔檣踔楫掣掣洩洩浮歷數萬里往復幾三十年而身所至者僅二十餘國云自占城西南通國以十數蘇門最遠自蘇門而往通國以六七數

柯枝最遠自柯枝而往通國以六七數天方最遠蓋去中國數萬餘里矣故惟天方至宣德始通焉由是明月之珠鴉鶻之石沈南龍涎之香麟獅孔翠之奇梅腦薇露之珍珊瑚瑤琨之美皆充舶而歸凡窮島日域紛如來賓而天堂印度之國亦得附於職方雖曰天子威靈致然而二三中臣捧數行之詔蹈邈絶之境百尺所至靡不慄慴東向而稽首其殆不辱君命而善於懷柔者亦賢矣哉愚嘗讀秦漢以來冊記諸國見者頗鮮至□元號爲廣拓而占城瓜哇亦稱密邇迺堅不一屈內款

至勤兵越閩者數年竟不得其要領至今遺笑於海上入我聖代聯數十國翕然而歸拱可謂盛矣不有紀述恐其事湮墜後來無聞焉余乃摭拾譯人之言若星槎瀛涯鍼位諸編一約之典要文之法言徵之父老稽之寶訓始自占城而終於天方得朝貢之國甚著者凡二十有三別爲三卷命曰西洋朝貢典錄云正德庚辰夏六月二十九日

西洋朝貢典録卷上

吴郡黄省曾撰

占城國第一

其國在廣州之南可二千里南濟眞臘西接交趾東北

臨大海福州長樂五虎門張十二帆大舶西南善風十晝夜程由福州而往鍼位取官塘之山又五更取東沙之山過東甲之嶼又五更至南澳又四十更至獨豬之山又十更見通草之嶼取外羅之山又七更收羊嶼海行之法以六十里爲一更以托避礁淺以鍼位取海道國東北百里巨口曰新洲港港之滸標以石塔其寨曰設比奈二夷長主之戶五六十餘港西南陸行百里爲王之都城其名曰占城壘石爲之四方有門門有防衞其王脩浮圖教王之冠三山金鈒花冠服五色花布長衣下圍色絲帨其出入乘象或小車服以二牛其臣茭

葦之冠制如王飾以金絲辨品級服冒膝上色布帨下跣足其服色元黃紫無禁白用辟其遇天詔至也王則花冠錦衣束八寶方帶腕金鐲服玳瑁履乘象出郊介而從者五百人或舞皮牌或擊鼓或吹椰筒或執兵皆夾王而趨至則王膝行以迎其王之宮峻而廣葢以脩瓦繚以垣以堊塈之宮之門以堅木雕百獸以飾其臣之居高下有制民檐過三尺用罰葢以茅其定歲以月生晦為一月十二月為一歲無閏其俗午而興子而寢晝夜十更記以鼓以粉畫革為書記性愛其首羊皮搥薄或樹

皮薰黑或摺削細竹爲管蘸白粉書字如蚯蚓委曲之狀或誤觸其首卽有陰殺之恨 其婚禮先會於女家旬之後男之父母宗戚鼓樂以迎男婦歸則飲酒以慶其制刑五一曰杖脊杖以藤二曰劓三曰貫削木以堅木削銳樹之舟以貫罪人之後末出於口泛水而爲警四曰烙面用之奸五曰斷手用之盜其國之恠異一曰鱷魚可以辨訟二曰屍頭蠻是食嬰孺國有大潭名曰鱷魚凡訟不決令兩造騎牛渡潭曲者鱷魚食之直者屢過不食屍頭蠻一曰屍致魚卽民家女子生而無瞳子者夜寢飛頭往食嬰兒糞尖兒被妖氣卽不育頭仍飛回若候飛去移其軀別處則回不得合而死民生此女不白之官除殺者罪其家 其常食曰檳榔裹以蔞葉包以蠡灰

食不絶口飲曰甕酒甕酒者造以飯和以藥封之甕中以生蛆爲熟凡飲則截纖竹三尺竅其中插於甕人則圍坐視多寡而入水輪次以咂飲至味薄乃不入水見月則飲酒而歌其交易以淡金以銀其利魚鹽其俗耕田其穀宜三種其畜宜六擾國之馬如驢（三種黍稷稻也六擾馬牛羊豕犬鷄也）其王元日沐浴用人膽以和部領獻以爲禮謂云通身是膽也其家亦以酒飲其王在位三十載則齋戒於深山一載而復位國人稱爲昔嚟馬哈剌扎（入山子弟攝國日齋戒而誓天曰我爲王不道願狼虎食我或病亡我壽年不死仍反位昔嚟馬哈剌扎乃至尊至聖之）

號其山有迦闌香一曰奇南其色紅紫是產也乃海外之特品有視守以禁私採價以銀對多降香烏木國以爲薪烏木黑潤皆冠絶於他產有竹焉其狀如藤色如鐵寸有三節高幾二丈名曰觀音竹有獸焉其狀如牛黑質無毫麟紋而三蹄鼻戴一角其□□□□□□□□□□象有野水□必羣而出人之靑衣者則觸而死有鵝鴨其鷄足二寸紅冠白耳曲腰高尾人置掌中亦啼多梅橘甘蔗椰子芭蕉子多茄瓜葫蘆有果焉其狀如瓜皮如荔支黃肉如鷄卵味如蜜子如鷄腎味

如栗其名曰波羅蜜其國之隸有賓童龍國其地與占城相接其國有雙溪之淵水極澄澈有目連遺趾其居喪之事有三一曰縞服二曰設佛事薦死三曰擇地而葬婚姻偶合是多屍致魚之妖民咸廟祀之以禳其酋長出入從以百人讚唱曰亞曰僕其衣服民俗與占城同有山焉峻嶺而方曰靈山其俗耕畬田稍山多黑紋藤杖以斗錫條易之紋踈者可一錫而三條海舶常樵汲於此或然水燈以求利涉其與占城鼎峙而望者有崑崙之山盤礴千里其北有弓鞋之嶼山之下曰崑崙

洋其水不見山二十五托溝內可五十托過溝可三十五托舶之往西洋者善風七晝夜始盡此山其民漁採而食巢穴而處其狀椎而黑諺曰上怕七洲下怕崑崙針迷舵失人船莫存又有東西竺之山東竺一案而兩嶼西竺亦一案而門內之水可三十托外之水可三十五托龍筵對峙人有蓬萊方丈之稱焉土不宜穀資於淡洋男女斷髮繫占城之布其物有木棉椰簟臥之夏涼而冬煖淡洋者四周皆山有大溪焉經帶二千餘里而注於海其流清而甘過舶汲焉其田膏腴田稻民俗亦淳厚也其朝貢以三

載其傳位受皇帝之封洪武二年其主阿搭阿者首遣其臣虎都蠻來朝貢詔遣中書省管句甘桓等封爲占城國王四年遣使奉金葉表來朝貢十六年復遣子來賀聖節乃遣使賞與勘合文冊二十四年復來朝貢以其臣弑立命絕之永樂後其國與諸國皆來朝貢始定每三年一來正統後其國襲封遣使行禮其貢物象牙犀牛角犀孔雀孔雀尾橘皮抹身香龍腦薰衣香金銀香奇南香土降香檀香柏木燒辟香花黎木烏木蘇木花藤香蕪蔓番紗紅印花布油紅綿布白綿布烏綿布圓璧花布花紅邊縵雜色縵番花手巾番花手帕兜羅綿被洗白布泥

論曰周公云德不加焉則君子不饗其質政不施焉則

君子不臣其人信斯言也迺觀占城洪武中數與安南鬬爭高皇帝降賜璽書諭令脩睦卒爆悟相調保傳境土及正統後凡嗣王必請命而冊封焉則德政之被於諸國者深矣宜乎世世獻琛於天庭也

眞臘國第二 按宋史西接蒲甘南抵加羅布國所部有六十餘聚落

其國在占城之南東臨於海乃海南都會之所王居之城方七十餘里有石河焉廣二十丈宮殿凡三十餘座咸壯麗其男女皆椎髻服以衫其利魚鹽齒羽其穀宜五種其俗富侈飲饌之器皆以金銀爲之其土氣恆燠歲時列玉猿孔雀白象犀牛于前名曰百塔之會會之日則然香而禮佛其刑有劓刖刺配斷支之等有番人唐人之等 番人殺唐人則誅唐人殺番人罰金而已 其土物多黃臘孔雀翠羽多速香降香沈香其沈香之品有三綠洋爲上三濼

次之勃羅又次之有木焉其狀如松老而脂溢其名曰篤耨香其氣清遠土人以瓢取之有木焉其花如林擒榆葉而李實其名曰歌畢陀其花如木瓜杏葉而楮實其名曰毗野有木焉其狀如菴羅榆葉而長條黃花而青子其名曰蘇方可用以染有魚焉其鼻如象能吸水上噴四足而無鱗其名曰建同其狀如鮔尸如鸚鵡八足其名曰浮胡其朝貢不常（洪武六年其王忽兒那遣其臣柰亦吉郎等表獻方物厥後朝貢不常）其貢物象象牙蘇木胡椒黃臘犀角烏木黃花木土降香寶石孔雀銅

論曰眞臘肇自刹利氏章矣至宋慶元閒大舉於占城墟其國更王眞臘氏是時戰象幾二十萬地方七千餘里蓋南海盛彊國也洪武初迺自重譯而來賓能不謂聖世威靈之遠也哉

瓜哇國第三 按國朝志本古闍婆國元史瓜哇國傳自泉南登舟行者先至占城而後至其國

其國在占城南可一千里由占城而往針位取靈山靈山之水可六十托又五十更曰蜈蚣之嶼由嶼尾礁而西五更至昆山又十更望東蛇龍之山貫圓嶼雙嶼之中經羅幃之山山之水十有八托又五更取竹嶼又四更取鷄籠之嶼又十更至句欄之山可以治薪水又三十更至吉里門之山又五更至胡椒之山又三更至那參之山由是而至杜板又五更而至瓜哇之新村其都

曰滿者伯夷滿者伯夷地名番舶來會先至杜板而新村次蘇魯馬益然後至王治所按元史爪哇國傳八節澗上接杜馬班王府其譯人訛爲杜板耶國無城郭其王之宮室麴牆而重門其制如樓蓋以板坐以簟席牆高三丈餘以磚爲之周二百餘步以堅木板代瓦宮室甚整潔每三四人有板房細藤簟或花草席踟趺其上其民之居蓋以茅其藏百物咸以庫庫以磚爲之其高三四尺居人坐臥於其上其王被髮或冠金葉花冠躶而跣下圍絲嵌帨腰纏以錦綺佩以刃其名曰不刺頭其出入乘象或牛車其輔八人其國人男子被髮佩刃三歲以上無貴賤俱佩不刺頭皆兔毫雪花最上鑌鐵爲之以金爲柄或以犀角象牙雕鏤人物之狀女子椎髻上衣

下圍帨男女咸愛其首觸之則出刃以刺國無鞭笞其
刑惟戮其戮也以藤反縛擁行數步而刺焉殺人者避
之三日則原即獲者死其番人居杜板者戶千餘杜板
之水曰聖水杜板番名賭班元史曰杜馬班夷長主之其間多廣東漳州流戶海濱一池國人傳云元將史弼高興征闍婆經月不得登岸絕水高史祝天甘泉湧出故名聖水居新村者戶千
餘一曰革兒昔原杜板東行半日至革兒昔原初亦古灘以國人捌居遂名新村村王廣東人番舶咸聚貨寶俱備村之人甚富編茭樟葉覆屋鋪肆聯次爲市居蘇魯馬益者戶千
餘一曰蘇兒把牙新村南行一日抵淺港小舟行二十餘里始至其地多猴欲
孕者禱之港有洲焉林木森鬱中棲長尾猴萬餘老黑雄猴爲之長一老番婦隨之凡無子之婦持

酒肴花果飯餌禱於老猴老猴喜則食衆猴食其餘隨有雌雄二猴來前交感歸卽孕矣不食不交則無孕士傳唐之時有民丁五百餘口皆無賴有神僧至其家咒化爲猴止留一嫗不化舊宅尙存按宋史山多猴不畏人呼以霄霄之聲則出或投以果實則其大猴二先至土人謂之猴王猴夫人食畢羣猴食其餘無求孕事

居滿者伯夷者戶三百餘蘇兒把牙小舟行七八十里至一埠番名漳沽登岸西南行日半至國其國寢無榻食無匕筯其食也漱盥而團坐盛以酥飯撮而食飲水以檳榔蔞葉灰其饗賓也亦然其國人惟三等囘囘人唐人土人囘囘人皆諸番商之流寓者唐人皆廣漳泉人竄居者服食俱美潔土人形貌醜黑猱頭跣足崇信鬼教飲食穢惡蛇蟻蚯蚓火炙而食食寢皆與犬同其國有罔象之妖其上下移文稱一千三百七十六年考之

肇於西漢其建歲首以十月是月也王乘塔車出作竹鎗會凡往會所妃前王後俱乘塔車車高丈餘四牖兩輪服以馬民各攜其妻伍列而執剡竹之鎗妻執三尺木梃鼓嚴而鬬殺而止凡三交妻各以木梃格之曰那刺那刺則退凡刺死敵人者勝勝者以金錢一文與死者之家人而有其妻其婚禮會於女家三日歸歸則迎以樂送以綵舟男之父母迎歸擊銅鼓鑼吹椰殼筒環以火銃短刀團牌婦被髮裸跣圍絲嵌帨項被金珠絡腕有寶鐲親朋鄰黨以檳榔葉絲紉草花粧插綵船送之為禮至其家開宴數日其送死有三一曰火化二曰棄水三曰犬食其妻妾多殉死父母將死子先請所欲以遺言終事欲犬食者委屍於野食盡則喜不盡則悲號而棄於海凡頭目妻妾之誓殉死者架木塔積薪焚棺之際簪飾草花披五色花帨哭踴赴火同焚其民富其交易用中國歷代錢

其穀宜稻菽歲二穫其畜宜六擾其書記以刀刻茭葦葉文字如鎖俚凡爲權衡一分二釐爲姑邦姑邦四之而爲錢錢十六之爲兩兩二十之而爲斤凡爲量截竹爲之升之名爲姑剌其容一升八合斗之名爲捺黎其容倍於升者八其婦女以月盈之夕歌於路其音美軟凡歌番婦二三十人歡集一婦爲首臂挽徐步唱番歌一句衆婦齊聲和之過親故之門皆贈錢物其國人以圖畫相解說紙圖人物鳥獸蟲魚之形如手卷以三尺木爲軸坐地展圖朗說番人環聽笑語其土氣恆燠其土物多蘇木金剛子白檀香肉豆蔻鑌鐵軀筒多紅綠鸚鵡珍珠鷄倒掛鳥孔雀檳榔雀

珍珠綠斑鳩多白鹿白猿多蕉子椰子甘蔗石榴蓮房茄瓜有果焉其狀如石榴厚皮而白肉其名曰莽吉柿其狀如枇杷內有白肉甚美其名曰郎板有草焉其葉如蒟醬其莖如筯三月而花其子如椹而緊細其名曰蓽撥食之已痃癖其根已核腫有龜焉其首觜如鸚鵡大口盤背甲有紅點斑文其名曰瑇瑁佩之可以辟蠱毒有山焉峻而廣內多熊豹其名曰交欄之山人以射獵爲業相傳高史征瓜哇時登此造船留病卒百餘而蕃育者也其與瓜哇相接者曰重迦羅高山秀石下有石洞前後三門是容萬人覔

海爲鹽釀秫爲酒是多羖羊鸊鵜木綿椰子其山下水程有五一曰孫陀羅二曰琵琶施三曰丹重四曰圓嶠五曰彭里其人以寇鈔爲業與吉陀崎諸國相通商舶少能至也其朝貢無常洪武三年其王昔里八達剌遣其臣八的占必等貢方物并納元所授宣諭二道十四年上金葉表來貢及黑奴三百人後絶其貢永樂二年其國東王遣使朝貢且請印章命鑄鍍金銀印遣使賜之正統八年定每三年一貢自後朝貢無常其貢物胡椒蓽茇蘇木黃臘烏爹泥金剛子烏木香紅土薔薇露奇南香檀香麻藤香速香降香木香乳香龍腦血竭肉豆蔻白豆蔻藤竭阿魏蘆薈沒藥大楓子丁皮番木鼈子悶蟲藥碗石華澄茄烏香寶石珍

珠錫西洋鐵鐵鎗摺鐵刀苾布油紅布孔雀火鷄鸚鵡玳瑁孔雀尾翠毛鶴頂犀角象牙龜筒黃熟香安息香

論曰淳化閒國使陀湛言中國有眞主至迺脩朝貢禮云故元世祖命史弼高興發舟千艘持一歲糧虎符十金符四十銀符百鈔鋌四萬費大且勞矣而卒敗沒以歸至高皇帝以來不煩一旅朝貢且百五十餘年曾不厭怠不遇眞主則彼高枕海外可矣亦安肯低心遠汎以臣下於方內哉

三佛齊國第四 番名浡淋邦

其國在占城南可一千里東屬瓜哇西抵滿剌加南倚大山北臨大海是爲舊港由瓜哇新村而往鍼位五更至杜板又五更至那參之山又四更至胡椒之山又四更至吉里門之山又三十五更至三麥之嶼又五更至夾門大山又五更至舊港其淡港潮汐咸二港之兩涯是多磚塔自港而入爲彭家門由是至國其俗與瓜哇大同其土沃而民富水多地少民皆屋筏維岸而居水長而浮也則遷於他多習水戰其博戲有三一曰弈棊

二曰鬭鷄三曰把龜其交易用中國歷代錢以布帛其穀宜稻其畜宜六擾其土物多黃速香黃臘降香沈香有鳥焉其狀如鳧黑翼鶴頸鷺喙腦骨厚寸餘外紅內黃其名曰鶴頂可以爲帶鞓擠機有鳥焉其名曰火鷄其狀如鶴長喙羊毫而圓身紅冠而青翼黑足利爪喜食炔炭擊之不死有獸焉其狀如巨豕其高三尺其毫前黑而後白豕喙而三跲其食草木其名曰神鹿其朝貢無期洪武四年其國王哈刺相八刺卜遣其臣王的力馬罕亦里麻思奉金字表文來朝貢六年復遣使賀正旦并貢方物八年復遣使從招諭拂菻國朝使來貢十年遣使奉表請印綬命賚駝紐鍍金銀印賜

之其貢物黒熊火鷄孔雀五色鸚鵡諸香兜羅綿被苾布白獺龜筒烏椒肉豆蔻番油子朵腦

論曰廣人陳祖義國初竄舊港爲酋長以寇鈔爲業舶人苦之鄭和至有施進卿者白和乃執祖義歸之京師誅焉而章紱進卿於其土云然則和豈貿易珍寶之使哉除異域之患爲天子光和亦賢矣又聞之和貌身長九尺腰大十圍洪音虎步文皇帝初遣時咨諸相者袁生忠澈袁生曰鄭三保姿貌材智內侍中無與儔比故令統督以往果所至畏服也

滿剌加國第五

其地在占城南可二千里大海在其東南老岸連山在其西北由舊港而往鍼位十更過官嶼之左又五更至長腰之嶼見三佛之嶼鼇魚之嶼又五更至甘巴門之水其溜迅急右曰仁義之礁左曰牛尾之礁前曰鬼嶼又五更至披宗之嶼又五更取射箭之山又五更至五嶼循山而至其國或曰入由龍牙山門門之狀如龍角是多寇鈔以國有五嶼也舊名五嶼嘗羈事暹羅而歲輸黃金焉永樂初詔賜頭目雙臺銀印冠帶袍服名滿剌加國暹羅遂不復擾云其土氣

朝燠而暮寒有溪焉經帶王宮而入於海王則作梁溪上而齋戒纏首以白布服花青布長衣而革履出入肩輿其民男纏首以方帕女撮髻短衫下圍色布幌其俗淳朴其語音書記婚喪與爪哇同其居如樓高可四尺許片劈椰木藤以緝焉跏趺其上寢榻弗殊其刳舟以獨木其交易以花錫鑄如斗形其重一斤而八兩十斗小把四之而為大把以藤束之其利魚其穀宜一種其畜宜牛羊鷄鴨多甘蔗蕉子波羅蜜野荔枝多黃速香烏木多薑葱芥蒜諸瓜有樹焉其皮如葛根搗之澄以

爲粉丸如棗苴日乾以鬻其名曰沙𦽬米可以作飯有草焉其狀如茅其厚如笋皮子如荔枝其名曰茭蕈葉子可釀酒葉可織簟有魚焉足高四尺龍首而鱗身脩牙其名曰龍是噬人有獸焉其狀如虎而小黑質花紋而善幻其名曰星虎有香焉其脂如松香可燃照爲燈鋒而拭舟可以辟水其名曰打麻兒其明瑩如金珀可爲帽珠者其名曰損都盧厮其與滿剌加接境有九洲之山其中多沈香黄熟香永樂之歲鄭和採香於此獲六株焉其徑八九尺其長八九丈是皆黑細花紋人所

未覩焉其屍頭蠻之妖與占城同其朝貢不絕永樂三年其頭目西利八兒遶刺遣使奉金葉表來朝貢詔封爲滿刺加國王給印及誥其王慕義願同中國屬郡歲效職貢又請封其國西山詔封爲鎮國之山御製碑文賜之九年嗣王拜里迷蘇剌率其妻子及陪臣五百四十餘人朝貢命官往勞上御奉天門宴之十年遣使來貢十二年國王母來二十二年宣德九年國王復來正統十年以後屢遣使來貢其貢物番小厮犀角象牙玳瑁鶴頂鸂鶒黑熊羆猿白鹿鎖袱金母鶴頂金廂戒指撒哈剌白苾布撒都細布西洋布花縵片腦梔子花薔薇露沉香乳香黃速香金銀香降眞香紫檀香丁香烏木蘇木大楓子錫番鹽

論曰傳云海島邈絶不可踐量信然矣况夷心淵險不測握重貨以冞往自非多區畧之臣鮮不敗事也予觀馬歡所記載滿剌加云鄭和至此乃爲城柵鼓角立府藏倉廩停貯百物然後分使通於列夷歸艅則仍會萃焉智哉其區畧也滿剌加昔無名號素若暹羅永樂初始建碑封城詔爲王焉其內慕柔服至率妻子來朝實若藩宗之親矣則和之貯百物於此也曷有他慮哉智哉其區畧也

浡泥國第六

其國在占城西南可六千里其所統十有四州其俗脩浮圖教像而禮之善持齋戒其王之宮室覆以貝多之葉民居以草其男女椎髻以五綵帛繫腰以花布爲衫其俗好奢其途遇中國人也有醉者則翼之歸寢其家其土氣夏寒而冬燠其利魚鹽其穀宜稻秫有秫酒多降眞香黃蠟有片腦玳瑁其鎮曰長甯鎮國之山（永樂六年國王麻那惹加那上言王爵境土皆屬職方國有後山乞封表爲一方之鎮王卒其子遐旺復以爲請遂封今名御製碑文刻石其上）其朝貢不絕（洪武四年國王馬謨沙遣其臣亦思麻逸進金表銀箋及

方物永樂三年遣使封其國王麻那惹加那乃爲王給印符誥命六年王率其妃及家屬陪臣來朝至福建遣內臣往宴勞之令所過諸郡設宴至京王奉金字表文及諸珍物妃進中宮東宮箋及方物上御奉天門宴王是年王卒於南京會同館輟朝三日祭賻甚厚詔謚恭順賜葬南京城南石子岡以西南夷人隸籍中國者守之樹碑立祠命有司春秋致祭復命其子遐旺襲封遣內官及行人護送還國十二年及洪熙元年俱來朝貢

其貢物珍珠寶石金戒指金絲環龍腦牛腦梅花腦降香沈速香檀香丁香肉豆蔻黃臘犀角玳瑁龜筒螺殼鶴頂熊皮孔雀倒掛鳥五色鸚鵡黑小廝金銀八寶器

論曰余嘗遊金陵至石子岡過浮泥恭順王墓未嘗不嘆天子待島夷之至而慶恭順之遭也高皇帝時命都

事沈秩御史張敬之往諭其國至於撒王座令列拜於
庭且曰皇帝爲天下主卽吾之君父其致詞若此而吾
二臣者又却其金刀貝布之贈則其慕中國而樂賓服
者非一日矣乎

蘇祿國第七

其國在東海之洋其鎮曰石崎之山其男女皆髠纏首以皁縵腰圍水印花布其俗尚鄙惡其田瘠不宜於穀以漁鹽爲業是食魚蝦螺蛤有蔗酒其利竹布珠璣珠徑寸者價以千金其朝貢無常永樂十五年其國東王巴都葛叭荅剌西王巴都葛叭蘇里峒王叭都葛巴剌卜各率妻子頭目來朝貢十九年遣使來貢其貢物梅花腦竹布綫布玳瑁降香蘇木胡椒蓽茇黃蠟番錫

論曰余於廣志漢書觀二寸珠事及讀列仙傳云高后時下書募三寸珠有朱仲者獻焉賜五百金魯元公主

復私以七百金從仲求得四寸珠以爲誣矣今星槎編載蘇祿王所獻巨珠重幾八兩迺始信之宜乎金印之報錫也雖然不寶遠物則遠人格天朝之致此亦有由矣

彭亨國第八

其國在廣大海之南石崖環之如城其王好怪雕香木爲神以人爲牲而禱其土氣溫和其王妃以金爲圈四五飾於頂髮其民下以五色燒珠圈飾之其男女椎髻服以長衫繫以單衣其利魚鹽其土沃其穀宜稻有椰子酒多花錫降香沈香有樹焉其狀如杉其子如荳蔲皮有甲錯其脂名曰片腦一曰龍腦食之已痔其朝貢無常洪武十一年遣使奉金葉表貢番奴及方物永樂十二年復遣其臣蘇麻固門的里等來朝貢其貢物金水鑵檀香乳香速香片腦胡椒象牙

論曰祖訓有之諸夷限山隔海得其地不足以供給得其民不足以使令眞聖王之謨言也迺復列不征諸夷國名示諸將來而盻爾彭亨亦得載著金匱何其榮也其稱同居海中者有浡泥國有三佛齊國有百花國

琉球國第九

其國在泉州之東其地三分而多爭一曰中山王二曰南山王三曰北山王高皇帝嘗有北山王怕泥芝之諭戒其略曰上帝好生恐寰宇生民自相殘害特生聰明者主之以育黔黎邇使者自海中歸云琉球三王互爭於農業少廢人命頗傷朕聞之不勝憐憫今因使者往復琉球特諭王體上帝好生息征戰而育下民可乎其山多抱合而峙一曰翠麓之山二曰大崎之山三曰斧頭之山四曰重曼之山皆峻極不可以上有黿鼊島高

華嶼彭湖島其土氣恆燠耕田田稻膏腴宜穀其利魚
鹽國無賦斂其男女服大袖連袴之衫造以花印之布
有甘蔗酒其土人善詩書好中國圖書古器洪武中中
山王遣子姪就業太學其土物多沙金黃蠟有石液焉
出於山谷其色如鵝子瑩淨而無夾襍之有紫焰其名
曰硫黃一曰崑崙玉能化五金傳之已疥多善馬高皇帝嘗
遣使鬻馬於國王察度諭畧曰王居滄溟之中崇山為
國環海為固朕卽位十有六年王歲遣貢朕甚嘉焉特
命尚佩監奉御路謙報王誠禮王復使來致謝朕今更
遣內使監丞梁民同前奉御路謙賫符賜王鍍金銀印
一顆送使者歸就於王處鬻馬
不限多少從王發遣故茲敕諭其鼎峙大崎之山之東

曰三島之國羈事琉球其民壘石依崖而居以鬻漁爲業多木棉琉球之貢有二載洪武中三王皆遣使奉表箋貢馬及方物永樂以來王嗣立皆請命冊封後惟中山王來朝每二年許貢一次由福建以達於京師其貢物馬硫黃、蘇木胡椒螺殼海巴刀生紅錫銅牛皮鑵子扇磨刀石瑪瑙烏木降香木香

論曰魏徵隋書言琉球無馬及洪武閒屢貢良馬高皇帝遣使賜之符印就令購馬迺知前史多不足信也蓋琉球漢魏以來不通中華至煬帝令朱寬入海求訪異俗自是頻往掠取人物而還耳未嘗安然揖讓於其地

又何以得其詳也

西洋朝貢典錄卷上

譚瑩玉生覆校

西洋朝貢典録卷中

吴郡黄省曾撰

暹羅國第十

其國在占城西可一千五百里由漳州而往鍼位見南澳取東董之山山之狀如唐冠又取銅鼓之山又經獨

猪之山又取外羅之山又過玹杯之嶼嶼之水十有八托又過洋嶼又過靈山過伽喃模之嶼位在乙卯其出水之礁有三又過羅灣見赤坎之山又取崑崙之山又七更過眞王之嶼嶼之水十有七托又過大橫之山小橫之山又過筆架之山又過竹嶼由大峯之山而入港由占城而往者入由新門臺其地方千里是多山山形如城其土氣寒燠無定其王之宮潔而麗民居如樓藉以檳榔之木簟以藤竹寢與食處於其上其王纏首以白布上無衣下圍絲嵌帨壓腰以錦綺出入乘象或肩

輿用茇蔁之葉疊而爲蓋柄飾以金其王鎖俚之人脩浮圖教是多僧尼有寺刹而持齋戒好習水戰常用師於鄰國其俗事皆決正於婦其婦椎髻長衫繫腰以青花色布男亦如之其纏首以白布其語如廣東之鄉音以椰子爲酒貴者年二十則用嵌砂其送死富者葬浸以水銀貧者棄諸海濱有金色之鳥羣集而食之謂之鳥葬不盡則家人號哭洗骨於海而歸亦命僧齋誦而禮佛國之西北可二百里有市曰上水居者五百餘戶百貨咸集可通雲南之後其交易以金銀以錢以海貝

其利珍寶羽毛齒革其穀宜稻其畜宜六擾有石焉明淨如榴子其品如紅雅姑其名曰紅馬厮肯的石善香四等一曰降眞二曰沈香三曰黃速四曰羅斛多花錫象牙翠羽犀角多花梨木黃蠟多白象白鼠獅子貓有木焉其葉如櫻桃其脂液流滴如飴久而堅凝紫色如膠其名曰騏驎竭食之已折損其朝貢以三載洪武四年其國王參烈昭毘牙遣使臣祭思俚儕刺識悉替等來朝貢進金葉表并方物賀正旦八年遣使賫詔及印綬往賜之十六年給勘合文冊凡中國使至必照驗相同永樂九年其王昭祿羣膺哆囉諦刺遣使柰必表貢方物乞量衡爲國中式自後定例每三年一朝貢其貢物象象牙犀角孔雀尾翠毛

龜筒六足龜寶石珊瑚金戒指片腦朱腦糠腦油腦紫檀香速香安息香黃熟香降眞香羅斛香乳香樹香木香烏香丁香阿魏薔薇水丁皮碗石紫梗藤竭藤黃硫黃沒藥烏爹泥肉荳蔻胡椒白荳蔻蓽撥蘇木烏木大楓子苾布油紅布白纏頭布紅撒哈刺布紅地絞節智布紅社花頭布紅邊白暗花布乍連花布烏邊葱白暗花布細棋子花布織人象花文打布西洋布織花紅絲打布翦絨絲雜色紅花被面織雜絲打布紅花絲手巾織人象雜色紅花文絲縵

論曰暹國世稱赤眉遺種尚矣而莫究其詳繼覽梁史云頓遜之國其俗多鳥葬親賓歌舞於郭外有鳥食盡乃去其骨沈海中云云與馬歡所見者符合且頓遜史云東可通交州而暹羅歡亦云西北可通雲南其跡又足徵然則暹國在梁殆爲頓遜也

阿魯國第十一

其國在滿剌加西南可八百里善風四晝夜程由淡水港入國其地西接蘇門荅剌南環大山北臨大海其婚喪諸俗與爪哇同其利布帛暨魚其穀宜稻其畜牛羊鷄鴨有獸焉其狀如貓灰毫而肉翅其名曰飛虎獲之即死有樹焉其脂類薰陸其色赤紫焚之烟如凝漆而清婉其名曰金顏香有伐樹而取堅皮而黑理其名曰黃速香其朝貢無常永樂五年其王速魯唐忽先遣其臣滿剌哈三等附古里等國來朝并貢物其貢物象牙熟腦

論曰西洋諸國永樂間初來朝貢者四十有二其阿魯

缺

蘇門荅剌國第十二

其國在滿剌加西南可一千里由滿剌加而往五更至假王之嶼嶼之水三十托又五更過吉貝之嶼之淺又四更至鷄骨之嶼又八更至雙嶼又四更過單嶼之左又五更至阿魯國之港又十更至淡洋又五更至大魚之港又五更至巴剌之嶼又五更至急水之灣有泥礁而鼓浪焉又五更至國國人稱爲古須文達那國迺西洋轄路滿剌加西南行五晝夜至濱海一村番名荅魯蠻繫船又東南行十餘里至國其地南環大山北臨大海東抵阿魯國西連那孤兒黎代國有溪入於海是達潮

汐其土氣朝熯如夏暮寒如秋其夏秋之間是多瘴其山童而土石俱黃國無城郭其俗淳其語音婚喪服飾與滿剌加同其民居如樓籍以椰子檳榔之木其蠶繰而不綿其漁於海朝出而暮歸其交易以金錢錫錢金曰底那兒（淡金鑄圓徑官寸五分面底有紋重官秤三分五釐一日每四十八箇重金一兩四分恆用錫錢）其利硫椒其穀宜稻歲二穫其畜宜牛羊雞鴨羊皆驪毫（硫黃出於巖穴椒則山園種之蔓生如廣東甜菜花黃白結椒成穗生青老紅摘取日乾粒虛大官秤百觔易本處金錢百箇值銀一兩官秤三百二十觔價以銀錢二十箇重六兩）一日其土物多甘蔗芭蕉子莽吉柹波羅蜜柑橘其柑橘四時不絕

獅橘綠橘不酸壞而可藏有果焉其狀如消梨綠皮而圓核香烈而備五味其名曰俺拔其狀如茨實臭葉而刺皮熟則瓣開其肉白而味如栗其名曰睹兒烏多葱芥蒜蘿蔔瓜西瓜紅仁綠皮有長至二三尺者其國之西曰那孤兒戶千餘其穀宜稻其畜宜牛羊其俗猱頭而文面上下並耕而食又西曰黎代戶二千餘其都倚山臨海多野犀牛二國皆羈事於蘇門其朝貢無常永樂三年其王鎖丹罕難阿必鎮遣其臣阿里來朝貢詔封為國王及誥五年至宣德六年屢遣使來貢表用金葉十年復請其子封為王其貢物馬犀牛龍涎撒哈剌梭眼寶石木香丁香降眞香

沈速香胡椒蘇木錫水晶瑪瑙番刀弓石青回回青硫黃

論曰鄭和在舊港執陳祖義至蘇門又執蘇幹剌雖古之義人烈士何以加焉昔蘇門王中他王毒鏃死王妻號於衆曰能報者身願爲偶有漁人舉兵滅之王妻卒踐盟配漁人嗚呼以賤臣而蒸國母履王位破倫賊化甚矣蘇門王之子長而殺漁人豈不偉哉蘇幹剌者漁人子也因蓄聚而圖蘇門王之子和發兵執之且不敢專殺檻車京師兩除島夷之害和其賢臣也哉和其賢

南浡里國第十三

其國在蘇門西可六百里一曰南巫里國由沙里八丹而入鍼位十晝夜見觀延之嶼又至中央之嶼又巡牛嶺之山以至其國（蘇門西行善風口晝夜到國）其地東接黎代西北臨大海南統大山其王與民咸囘囘人主之宮室如樓籍以木是用艮處其高可四丈樓之下圍養六擾民居與蘇門同其俗樸其交易以銅錢其利魚其畜宜牛羊雞鴨多犀角蓮花降香其西北海內有山焉龍涎平頂名曰帽山山之西有大海是曰西洋一曰那沒嚟洋（西來）

海舶向山爲準山民戶二三十餘皆稱爲王問其姓名曰阿孤喇楂有海樹焉生於海底其狀如枝柯明潤如紅玉其高二三尺其名曰珊瑚可以已目瞖生山邊二丈上下淺水內番人撈取爲寶鬻賣亦常碾其根以爲數珠其朝貢無常永樂七年王率臣下數十人自隨寶船至京進貢

論曰南浡里戶不過千餘而王與牛羊雜處其亦不足爲國也矣而往錫蘭山諸國者必經焉且其王常親浮海稽首於紫庭斯可取也

溜山國第十四

其國在小帽西南可二千里由彭加剌而往取北辰四指有半又取北辰三指有半又取北辰二指一腳之半又取北辰二指半腳又取北辰一指三腳之半又取北辰一指三腳又過鸚鵡嘴之山又五更見鐵砧之嶼又七更見佛舍座之水又五更見牙里之大山由是至溜宮之嶼而及其國其地四面濱海倚山爲都其都曰牒幹其上下皆囘囘人婚喪一如其教風俗淳美男纏首以白布以金帕下帷帨女帨蓋首上短衣下亦圍帨其

膚體咸黑其土氣恆燠其交易以銀錢重官秤二分三釐其利
魚𧴩其穀宜稻麥其畜宜牛羊雞鴨凡爲林以椰子爲
腹花梨爲䑸凡爲舟不以鍛鐵以椰纕繩之而貫之而
楔之以龍涎鎔之而塗之凡取龍涎多於溜嶼其嶼石
多蟠龍春而吐涎羣鳥集之羣魚噆之其黃者如膠黑
者如五靈白者如藥煎其氣腥或得之魚腹其大如斗
圓如珠其價以兩而易凡兩易金錢一十有二凡斤易
金錢一百九十有二凡取海𧴩山積之而罨之腐之凡
取馬鮫魚斮之而暴之貯之其來易者爲暹羅之商爲

榜葛剌之商國之西海有石門狀如城闕者三有溜山焉凡八一曰沙溜二曰官嶼溜三曰人不知溜四曰起來溜五曰麻里奇溜六曰加半年溜七曰加加溜八曰安都里溜皆可通海船皆有聚落其通也有主焉又西有小窄溜是有三千是皆弱水卽所謂弱水三千者焉一曰有三萬八千餘溜舟風而傾舵也則墜於溜水漸無力以沒其小窄溜之民巢穴而處魚而食草木而衣

其朝貢無常永樂五年遣其臣來朝貢

論曰山海經諸古書及酈道元所引論弱水多矣雖通

人辨土莫之能明也茲復知有溜山弱水矣見覽雖益
廣遠而天地之大終不能窮焉

錫蘭山國第十五

其國在南帽山西可三千里由蘇門荅剌而往鍼位十二更見南帽之山又四更半歷龍涎之嶼又十更過翠藍之嶼嶼之水三十托一曰梭篤鑾山山有七門四壘而一峻山人之出也則乘獨木之舟夏爲巢居冬爲穴處其體裸不可以布帛被之則浥爛紉綴樹葉而爲蔽山莩波羅蜜芭蕉子魚蝦以爲食又九十更見鸚鵡嘴之山又至佛堂之山又□更至牙里其下有沈牛之礁鼓浪焉外過之水三十托又十更至別羅里是謂錫蘭

國之港又北行五十里而至國其臨海之山有釋迦登岸之足跡其長可二尺許其陷之水四時不涸名曰佛水至者蘸拭其面目左有寺塑釋迦之卧像其身不朽其寢座以沉香木爲之飾以衆寶佛牙舍利俱藏焉其王鎖俚之人脩浮圖教重象暨牛私解者辟或贖以牛頭金國人咸灰牛糞塗其體食惟其乳死則埋之自王而下晨用牛糞塗其居而後禮佛其拜兩手舒之前兩股舒之後胸腹著地以禮佛謂之五體投地其山之巔有神人阿聃之足跡陷於石者二尺許一曰人祖一曰

盤古其海中勝望曰白浮之沙日而照也則光彩瀲灎爲國人之游望是多螺蚌其王宮之前曰珠池凡三年則採煉其採也取沙中之螺蚌納之池俟其腐爛水盈而珠出則取而納焉其地廣其民富饒其男躶下圍絲帨謂之厭腰纏首以白布女椎髻下圍白布其恒食以牛乳以醍醐以檳榔蔞葉食皆暗室其國人不鬚喪則薙焉其葬也以火取骨而埋之喪之婦摽乳號哭而爲禮其交易以金錢其利玉石珠璣其穀宜稻菽其畜宜牛羊鷄鴨金錢重官秤一分六釐中國麝香紵絲色絹青磁銅錢樟腦等物彼則以寶石珍珠易換

其寶石六物一曰紅雅姑二曰青雅姑三曰黄雅姑四曰青米藍石五曰昔藍泥六曰屈沒藍是寶石也皆產於參天之山巔洪雨之衝則流於山麓之沙中國人於是而拾採多芭蕉子波羅蜜甘蔗多椰子多龍涎乳香其朝貢不絕永樂九年以拒絶朝使歸路破其城生擒國王亞烈若奈兒及家屬命釋之擇其屬之賢者立爲王十年詔諭其國王不刺葛麻巴思刺查正統十年國王遣其臣耶把刺謨的里啞等朝貢天順三年其王葛力坐夏昔利把交刺惹復遣使來貢其貢物寶石珊瑚水晶金戒指撒哈刺象乳香木香樹香土檀香沒藥西洋細布藤竭蘆薈硫黃烏木胡椒碗石

論曰梵書載釋迦生於迦毗羅國淨飯王其父也至涅槃時度須跋陀羅右脇而卧今馬歡載錫蘭別羅里云即涅槃之地且云卧身尚存不朽以爲誣焉又何其言之分明如此也

榜葛剌國第十六

其國在翠藍嶼西北可七千里一曰東印度之國地方千里由蘇門荅剌而往也取帽山翠藍西北而行善風二十日至浙地之港一曰泊寮地小舟以入五百里至鎖納兒之港港有城池街市又行二十站及坂獨哇而至國其國城郭壯麗其王有大殿四方而堊飾爲門凡九三門而入殿之柱裹以黄銅縷以花獸其王之衣冠王之臣之衣冠俱回回製上下皆回回人婚喪一如其禮其民善富庶而淳好爲商賈其男子髡纏首白布服

圍領長衫下圍色帨革履女子椎髻短衫圍色布絲綿
珥寶鈿項珮瓔珞手足約以金鐲戒指其土氣恒燠其
定歲以十二月國無閏刑止於流百職有印符行移掌
軍者謂之巴斯剌兒有醫師卜人星官暨百工市肆咸
備其語謂之榜葛俚亦善吧兒語樂工謂之根肖速魯
奈凡夙興舉樂於富貴者之家擊小鼓一人擊鼙鼓一
人吹篳篥一人其音節先徐而後促舉畢則予之酒物
倘伽凡款賓以檳榔凡宴享用樂婦歌舞以娛賓樂婦
之飾也服淺紅線布之花衫下圍色絲帨肩項佩五色

硝子珊瑚琥珀珠之纓絡腕約青紅硝子之釧鐲其俗有虎戲鐵索拽虎而行其戲也解索虎蹲而據人躶以擊虎虎乃咆哮作勢與人而對躍人時掉臂於虎口戲而畢則虎伏於地閣戲之家飼虎以肉與人以倘伽其交易以銀錢名曰倘伽以海貝名曰考嚟其利布帛其穀宜五種歲二穫其畜宜六擾銀錢重官秤三分徑官寸一寸二分底面有紋海貝計斤其酒之品有四一曰椰子酒二曰米酒三曰桐子酒四曰茭蕈酒其布帛之品有六宓布謂之皁泊廣二尺長五丈六尺勻細而白黃布謂之滿者提廣四尺長

五丈緊而密布羅謂之沙納巴付廣五尺長三丈狀如生平羅布紗謂之忻白勤搭嘿廣三尺長六丈纏首用之如三梭者謂之沙塌兒廣二尺五寸長四丈兜羅綿謂之驀哩驀勤廣四尺長二丈背面有絨起可四五分其土物有珊瑚珍珠水晶瑪瑙翠羽多芭蕉子波羅蜜石榴酸子甘蔗多酥蜜多瓜葱薑芥茄蒜有駱駝有桑皮紙有木焉弱條而青葉朝花而暮斂如夜合其子如李其名曰菴摩勒一曰餘甘食之已丹石毒其接天詔之日用甲馬隊千餘設於左右長廊明光甲巨漢秉劍

持弓矢以侍孔雀翎之蓋百具設於丹墀象隊百設於殿上其王陞八寶座橫劒於膝迺有持銀杖者二人引導五步一呼至中則止復有持金杖者二人引導如前其王肅恭拜迎詔敕叩首而加額其開讀賞賜之訖也是陳絨毯於殿以宴天使以牛羊爲燔炙以薔薇之露諸香之蜜水而爲飲其朝貢無常永樂六年其國王靄牙思丁遣使來朝貢九年至太倉命行人往宴勞之十二年又遣其臣把一濟等來朝貢麒麟等物正統三年貢同表用金葉其貢物馬馬鞍金銀事件戧金琉璃器皿青花白磁撒哈剌者扶黑荅立布洗白苾布兜羅綿糖霜鶴頂犀角翠

毛鶯哥乳香麤黄熟香烏香麻藤香烏爹泥紫膠藤竭

烏木蘇木胡椒

論曰榜葛剌其饒富多儀之國也夫觀其於天朝正使有金盔繫腰盆瓶之獻於副使有銀盔繫腰盆瓶之獻於行人有金鈴紵絲長衣之獻於兵士有銀錢之獻非饒富多儀曷克若此云

西洋朝貢典錄卷中

譚瑩玉生覆校

西洋朝貢典錄卷下

吳郡黃省曾擬

小葛蘭國第十七

其國在別羅里西北可一千二百里由是而歸南巫里也鍼位第一之日丁未丁午第二之日丙午第三之日

丙第四之日丙巳第五之日巽巳第六之日辰巽第七之日乙辰乙卯以求南巫里焉其地東連大山西南北濱海其王脩浮圖教其俗重象暨牛其風俗與錫蘭山大同其和飯以酥日二食其交易以金錢（重官秤一分）其利蘇椒其穀宜稻其畜宜牛羊牛黃毫羊青毫其朝貢無常（永樂五年附蘇門荅剌國來朝貢）其貢物珍珠傘白綿布胡椒

論曰小葛蘭星槎編又云小唄喃云其國山連赤土日中爲市而赤土者扶南之別種也西則婆羅娑國東則波羅剌國南則訶羅旦國不知何者爲小葛蘭也

柯枝國第十八

其國在小葛蘭西可二百里柯枝之港水可四托其地東倚大山西南北濱海其王纏首以黃白布上無衣下圍紵絲帨壓腰以色紵絲其男女椎髻服以短衫圍以單布其民之居用椰子木以椰葉緝而蓋其藏百物以庫以磚爲之其爲人五種一曰南昆是爲王族二曰回回是爲仕族三曰哲地是爲富族四曰革令專是爲庸保五曰木瓜是爲賤類居限三尺衣限臍膝途遇哲地以上則伏任負是事其狀如儺人其王脩浮圖教敬象

暨牛國有梵宇其佛像鑄以銅座以青石爲之座之周咸砌水溝溝傍鑿井夙興必鳴鐘鼓汲水以灌佛頂羅拜而退其出家者名曰濁肥而蓄妻其髮出胎不理不剃滌以酥捏而爲纓被於後灰牛糞以塗體以黃藤束腰幅布掩形時常吹海螺妻隨以行其土氣恒燠無霜雪其雨以半載晴以半載二月雨起卽乘屋脩蓋備米物五月六月日夜下滂沱大雨街市成河至七月盡止八月始晴次年又復如是其交易以金銀錢金曰法南銀曰荅兒金重官秤一分一釐銀重四釐大如螺靨金錢一換銀錢十五其利胡椒珍珠珊瑚胡椒園種之富者居以待商以斛而易爲斤一

十有六而爲封剌二十有五而爲播荷凡播荷以金錢一百易之視銀之爲兩者五珍珠以分而易凡分至三以上以金錢一千八百易之視銀之爲兩者百珊瑚以兩而易倩工剪旋以成珠磨淨而售其穀宜黍稻稷菽其畜宜六擾是多象其朝貢無常永樂三年其國王可亦里遣其臣完者苔兒來朝貢十年復遣使來請封其國之山詔封爲鎮國山御製碑文賜之

論曰柯枝凡兩半載而霽霽半載而雨不知大化胡爲其然也昔魏徵敘赤土言其國冬夏常溫雨多霽少理庶幾矣必曰半載其果親目之乎然赤土今與小葛蘭

爲鄰其卽爲柯枝章章矣

古里國第十九

其國在柯枝西北可六百里東通坎巴夷替國西臨大海南連柯枝國北接狠奴兒國地方千里其王脩浮圖教殿而事之佛像謂之乃納兒以銅爲之殿覆以瓦以銅爲之鑿井於傍凡晨興王汲以浴佛是敬象牛王每晨浴佛禮拜訖取黃牛淨糞盛以銅盆水調以塗壁地頭目富家亦如之又燒成白灰盛以布囊水調以塗額股是爲敬佛傳云昔有神人其名某紫適他國時命弟撒没嚟以攝撒没嚟鑄金牛矯誣國人曰此天神也國人遂皆敬禮某紫還銷金牛撒没嚟乘象遁去國人思之而冀其歸每月言月中必至及月中又言月盡必至逮今未絶也南昆人之敬象牛由此其爲人五種南昆回回哲地革令專木

瓜南昆不食牛回回不食豕互以爲禁婚喪各如其類其頭目二人是掌國事其男長衫纏首以白布女短衫椎髻圍以色布珥金牌珠索項佩珠寶珊瑚瓔珞手足俱約以金銀鐲以金寶戒指其容白而豔國人脩回回教者十之六有禮拜寺寺有三十餘凡七日一禮拜巳而往未而歸權謂之法刺失量謂之党戛梨以銅爲之其制倶倍中國十分之六權椒爲斤二百五十謂之一播荷其償金錢二百權香貨爲斤二百謂之一播荷布謂之檐梨其廣四尺五寸其長二丈五尺其價金錢十

五色絲帨謂之西洋手巾其廣五尺其長一丈二尺其價金錢百算八謂之米納凡算之法計以四支十指其交易而成也攜手而誓無悔其交易以金銀錢金曰吧南銀曰搭兒其錢面底有紋用六成金鑄造徑官寸三分八釐重官秤一分銀錢重三釐其利椒椰椰子之種也富家千樹以爲恆業其資用也漿爲酒肉爲糖飯穰爲索殼爲碗爲酒食器亦可廂金木以架屋葉以蓋其穀宜稻其畜宜牛羊鷄鴨國有樂婦以葫蘆絃銅絲而歌其位以女腹爲嫡傳之姊妹之子無姊妹之子則傳之弟無弟則遜於有德其刑有罰金

斷手足斬族之等不服者探之沸膏而驗之（以右手二指置油鍋黑而取出封裹下獄三日開視如爛壞即加刑否則鼓樂送回）其國有鹿兔能蓄良馬凡匹價以金錢千其土物有薔薇露有金縷寶帶其造也赤金三觔抽絲如髮綴結而成間以珠寶有珍珠珊瑚珠哲地居之公鬻而取稅多萊菔胡荽薑蒜四時冬瓜其狀如小指其長二寸味如青瓜紫皮而大葉曰紫皮瓜多芭蕉子波羅蜜有樹焉其高丈餘結如綠柿內子數十熟而自落者其名曰木鼈子有蝙蝠如鷹者在樹而懸宿有鷹鴉燕鷺多孔雀家蓄之其朝貢無常（永樂

三年遣使朝貢詔封爲古里國王給印及誥五年之冬復遣使來朝貢 其貢物寶石金繫腰珊瑚珠琉璃瓶琉璃碗拂郎雙刃刀寶鐵刀蘇合油阿思模達塗兒氣龍涎梔子花花氈單伯蘭布苾布紅絲花手巾番花人馬象物手巾線結花靠枕木香乳香檀香錫胡椒

論曰昔扶南俗事天神以銅爲象而有訟者以金環雞子投沸湯中令探取之若無情者必焦爛焉而今之古里亦有天神之談探手之法又云扶南去林邑七千餘里今校之亦合余疑古里卽扶南之地云

永樂三年鄭和統大綜寶船賚詔敕封爲古里王及
頒誥命銀印陞賞頭目品級冠帶建亭刻石其畧曰
爾王去中國十萬餘里民物咸若
皡熙同風刻石於茲永垂萬世
寶船至彼王遣頭目哲地米納凡見正使擇日論價
將中國錦綺百貨議定乃書合同價數各存之頭目
哲地與正使眾手相挐其牙人言曰某月日眾手拍
一掌無悔哲地始攜珊瑚珍珠寶石來議價二三月
方定原經手頭目來納凡算番物若干
該紵絲等物若干照原打手之貨交易

祖法兒國第二十

其國在古里西北可二千里西北倚山東南臨海以石爲城爲屋層起如浮圖其民容體偉長而性樸其王纏首以白布服錦袍閒服青花絲嵌圓領足有花靴其出入以輿馬前列象駝後吹叭嚹鎖捺擁行其民男纏首以色布服長衣足不跣女蒙首面以布其上下崇回回教有禮拜寺禮拜之日咸罷市塗體以薔薇露以沈香油薰衣以沈檀俺八兒香其將禮拜也浴而塗體乃服淨衣爇香于胯下薰而往街市爲之芬芳不歇其婚喪

悉行回回禮其土氣溫和其交易以金錢以紅銅錢金曰倘伽金重官秤二錢徑一寸五分一面有紋一面人形銅徑四分其穀宜五種其畜宜六擾多血竭蘆薈沒藥乳香木鼈子多芥瓜有雙峰駱駝有金錢豹有禽焉長身而鶴頸足四尺而二爪其狀如駱駝其名曰駝鷄是食五穀有香焉其樹高可三丈葉有四角黃花而碧心其膠如飴其名曰安息食之已鬼症其味篤耨其色如紫檀其汁濃淨而無滓其名曰蘇合油塗之已風其朝貢無常永樂中遣其臣朝貢方物

論曰自柯枝而西去天方益近而流風沾被脩回回教

者益謹至薰沐其身而始禮拜其眞信習之篤也哉

忽魯謨斯國第二十一

其國在古里西北可五千里其地倚山臨海其國富以石爲城是多番商其王脩回回教有禮拜寺日五度而禮拜恒齋沐其俗淳厚其人白身而魁偉其男卷髮長衫善騎射女編髮四垂黄漆其頂服長衫出則色布蓋首紅紗蔽面珥絡索金錢以黛飾眉花紋飾脣頂佩珠寶珊瑚瓔珞四腕俱約金銀鐲其婚喪用加的禮掌禮之官謂之加的凡婚禮男家先宴加的親族媒氏然後二姓遡三代譜系爲之書而後成禮否則以姦論喪禮以細白布爲大小殮衣瓶盛淨水三灌屍以麝腦塡口鼻服衣入棺墳以石砌壙藉淨沙五六

寸棺至出屍入壙石板蓋土築成隆阜其書記用回回字其市肆咸備國有酒禁飲者棄市其國勝兵良馬醫卜技藝皆冠於西洋其民有羊猿之戲羊戲用木尺許頂平正可容羊四蹄者樹地一人拍手念誦羊依拍鼓舞近木前足搭木頂後足跳上似舞狀人將木段五六次接上高丈許於中推斷接羊置地羊卧作死狀令舒前足卽前舒之令舒後足卽後舒之猿戲以三尺黑猴演弄畢令一人帕縛猴股別令一人潛擊猴首雜於衆中解縛猴於千人中徑取出擊首者其交易以銀錢名曰那底兒其利玉石其穀宜稻麥其畜宜六擾銀錢徑官寸六分面底有紋重官秤四分其土氣有寒暑有霜雪少雨多露春而花開秋而葉零有山焉其陽多紅鹽其陰多白堊其東多丹臒其西多黃

至其珍寶之類有八一曰五色雅姑剌石二曰祖把碧三曰祖母喇四曰貓睛石五曰金剛鑽六曰珊瑚七曰五色玉器皿八曰大珠狀如龍眼者有之諸珀謂之撒白植其類有五一曰金珀二曰幷珀三曰珠神珀四曰蠟珀五曰黑珀織之類有四一曰十樣錦翦絨絨起一分長二丈闊一丈二曰五色梭幅三曰撒哈喇氆紗四曰青紅絲嵌手巾羊之類有四一曰九尾羊二曰大尾羊三曰狗尾羊四曰鬬羊一等尾闊尺餘拖地重二十餘斤一等狗尾羊如山羊尾長二尺餘一等鬬羊高二尺七八寸前半截留毛後翦淨頭似綿羊角彎向前上帶鐵牌行動有聲此羊快鬬

好事者蓄之以博錢物有獸焉其狀如貓質如玳瑁黑耳而性仁出則百獸伏地其名曰草上飛番名曰昔雅鍋失其蘿蔔狀如藕而紅色其胡桃質薄而白其松子長寸許其葡萄四等有如蓮子色白而無核者有如白豆圓而白者有紅者有紫者有果焉狀如胡桃尖長色白内仁甘美者名曰把聃果其石榴花如拳果如鍾有林檎桃甘蔗西瓜其萬年棗一名曰埰沙布凡三等有狀如拇指小核而結霜味如石蜜者有挼爛而成軟塊味如柿者有狀如南棗而味澀是用養牲者其朝貢無常永樂五年遣其

臣將麒麟等物并備金葉
表文跟隨回洋寶船進貢

論曰西洋葬埋之禮徼舉者鮮矣此獨能行焉且往往符情合制可尚也已然居中國彝倫之地有火其親者不有愧於斯耶不有愧於斯耶

阿丹國第二十二

其國在古里西可六千里其國濱海以石爲城其民庶
而勇騎步兵可二萬威鎮鄰國其上下脩回回教其語
似阿剌壁其王尚禮永樂辛丑正使太監李口等齎詔賜其王奠到冠服蘇門荅剌國分
䑸周口等領寶船往彼王率頭目迎入王府甚肅開讀賞賜畢王諭國人有珍寶者許易王冠金冠
服黃袍帶以金寶有禮拜寺其王日一禮拜金冠易以
白布纏首項有金銀飾黃袍易以白車而往其臣服有
等其國人纏首以色布服撒哈喇梭幅錦繡足有靴鞋
其女長衣項佩珍寶纓絡珥寶環四腕約寶鐲手足指

約以金環蒙首以絲嵌帨僅露其面其金銀之工精巧爲西方之冠其食造以酥蜜其民以石爲屋石之名曰羅股以磚覆之高五丈而三層有浴室有酒壚有絲帛典籍之肆其交易以金錢以紅銅錢金曰哺嘌銅曰甫嚕斯其利玉石其穀宜五種其畜宜牛羊雞犬（金重官秤一錢底面有紋）其土氣溫和其定歲以十二月爲一歲以哉生明爲一月其算曆如神某日而春暨期枯者敷華某日而秋暨期榮者凋落蝕而蝕潮而潮風而風雨而雨靡有違忒其貿採之物異者十有二品一曰貓睛之石二曰

五色亞姑三曰大珠四曰珊瑚樹五曰金珀六曰薔薇露七曰麒麟八曰獅子九曰花福鹿十曰金錢豹十一曰駝鷄十二曰白鳩土物多紫檀木薝蔔花多萬年棗把擔乾白葡萄松子榴杏有象有千里駱駝九尾羖羊其白毫無角角處有兩圓黑毛項如牛狗毫而盤尾者名曰綿羊有獸焉其狀如騾白身白面而青紋其名曰花福鹿其足前高九尺後高六尺蹄三跲匾口而長頸奮首高一丈六尺首昂後低二肉角牛尾而鹿身其名曰麒麟是食五穀其狀如虎元質而無紋巨首而闊脣

其尾黑長如纓其吼如雷百獸見之伏不敢起者其名曰獅子其朝貢無常永樂間遣使脩金葉表來朝貢

論曰國初天監外設回回司天監取回回人世官之用本國土板歷並兼推算乃知聖主御世一善弗遺者矣常聞之長老云月蝕非回回歷算安得不謬如此今阿丹人所算春秋候是尤奇也

天方國第二十三

其國在古里西南可二萬里古里西南申位行善風三月至鎮番名秧滑守以頭目秧滑西行一日至王城本名默伽國而又謂之天方其王係回回教其俗和美而富見月之初生也上下皆稽首而禮天其容貌偉正紫色男纏首長衣足有皮鞋女蓋首面不露其語用阿剌畢國有酒禁其婚喪悉行回回禮其禮拜之寺曰天堂其堂四方而高廣謂之愷阿白以黃金為佛像以玉為座堂之周如城以五色石壘砌城之門四百六十有六其堂以沉香為梁梁有玉以黃金為閣以黃甘玉布

地以薔薇露龍涎香日塗堂之四壁馨香不絕以白玉爲柱柱凡四百六十有七前之柱九十有九後之柱一百有一左之柱一百三十有二右之柱一百三十有五其堂之幔以紵絲色用皁其守堂獅子二色咸黑他國至堂而焚香也歲一至不遠萬里而來以十二月十日爲期每年此日諸國回回人雖海行一二年遠道者亦至此堂禮拜皆割取堂內皁幔一方去爲記憶盡則王又以幔代之其堂之左有古佛墓是爲緣撒卜泥寶石之所築其長一丈二尺高三尺廣五尺其墓之垣布以黃甘玉高五尺其城四隅咸有寶塔禮拜者登焉有授法

之堂皆五色石爲之其土氣恒燠無雨雹霜雪四時玉燭草木常不零落其甘露日降國人承露以食其交易以金錢名曰倘伽其利玉石其穀宜五種其畜宜六擾錢徑官寸七分重官秤一錢其國西行百里曰驀底納城城之東曰謨罕驀德神人之墓墓頂有五色光旦夕煇煌不絕墓後有泉其名阿必糝糝其味甘美其泉能息波濤泛海者必汲藏於舟遇颶風而灑之也波濤隨息其土物有薔薇露俺八兒香有豹麂草上飛麒麟獅子羚羊多龍馬有駝鷄駱駝騾驢梟鵂其花有纏枝花樹如大桑高

二丈歲二收有葡萄萬年棗石榴林禽梨西瓜巨桃一
桃而用二人以舉其朝貢無常宣德中使鄭和至西洋遣通事七人齎麝香磁器緞匹同本國船至國一年往回易得各色奇異寶石并麒麟獅子駝雞等物并畫天堂圖一冊回京其天方國王亦遣其臣沙瓛等將方物隨七人來朝貢

論曰天堂之諺久矣蓋慕其樂土也今觀其國所有適知諺語爲不虛焉但國史以默德伽別於天方而歡云卽其地余詳考之謨罕驀德默德伽王也而天方之西有其墓焉則一國二名者矣

西洋朝貢典錄卷下　　譚瑩玉生覆校

右西洋朝貢典錄三卷明黃省曾撰按省曾字勉之吳
縣人事蹟附見明史文徵明傳中考郎瑛七脩類稿永
樂丁亥命太監鄭和王景宏侯顯三人往東南諸國賞
賜宣諭今人以爲三保太監下西洋不知鄭和舊名三
保皆靖難內臣有功者云云錢曾讀書敏求記三保下
西洋委巷流傳甚廣內府之戲劇看場之平話子虛亡
是皆俗語流爲丹青耳今考鞏珍番國志下西洋似非
鄭和一人鄭和往返亦似非一次惜乎國初事蹟記載
闕如茫無援据徒令人興舊聞放失之嘆而已云云然

要之以一介之使遠涉鯨波能令陸懾水慄憬琛負贐固國家之聲靈亦由持節者撫馭得宜恩威並濟羈縻勿絕使永為外扞其功不在傅介子班定遠下是編但紀和所歷二十有三國道里山川風俗物產器用語言衣服靡不詳之雖視明史外國傳未得其半然傳為尤西堂侗撰西堂復有外國竹枝詞一卷今以所記者核對是編多有未經引用者且專就一事而論亦足以見前代招徠之術固不僅為談海外者廣異聞已也四庫提要著錄附存目中亡友黃石溪明經舊藏鈔本校

畢特付梓人　提要稱東川居士孫允伽清常道人趙開美二跋已不存俟覓補入道光庚戌霜降後二日南海伍崇曜謹跋